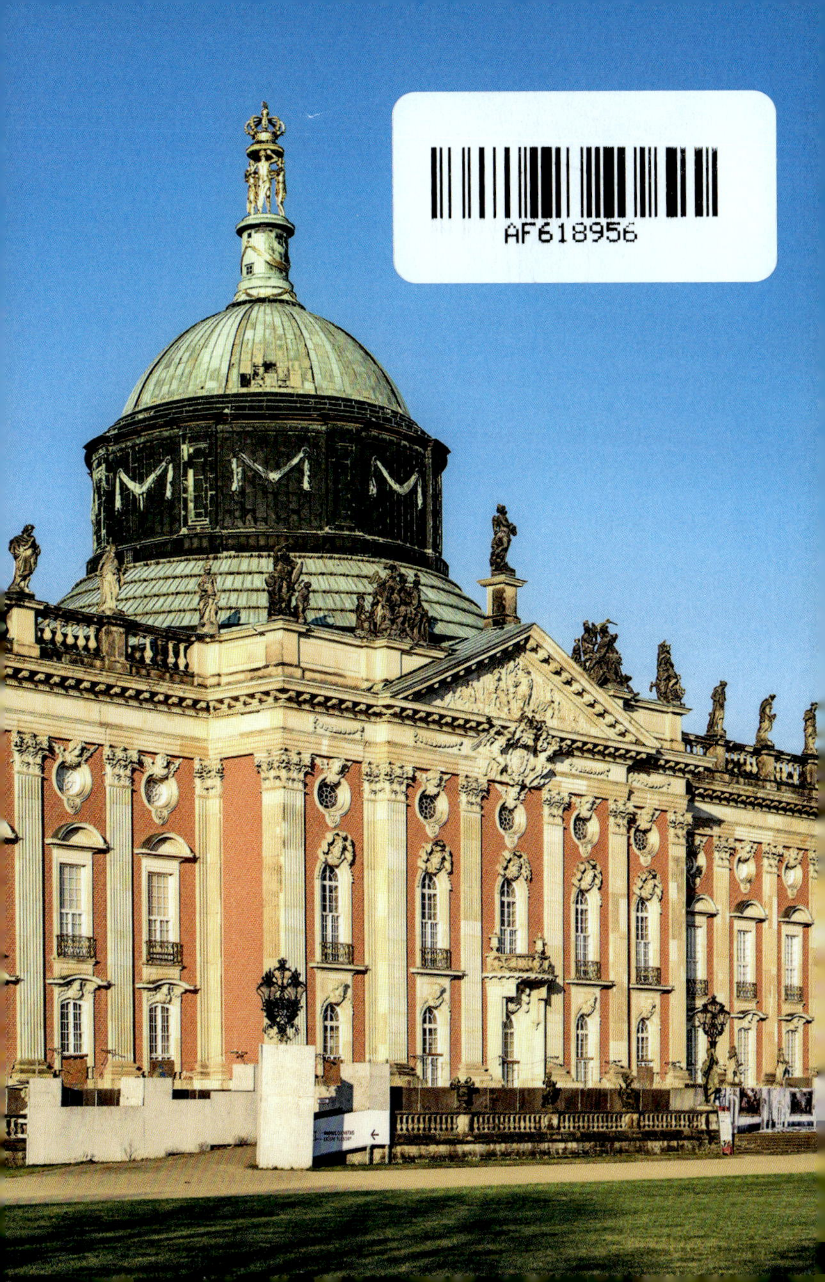

Das Neue Palais im Park von Sanssouci in Potsdam ist das größte Barockschloss Deutschlands, das in seiner Bausubstanz und einem großen Teil seiner Erstausstattung erhalten ist. Während das Schloss unter König Friedrich II. von Preußen nur zu kurzen Sommeraufenthalten diente, machte Kaiser Wilhelm II. das Neue Palais zu seinem Sommersitz. Heute sind die Schlossräume als Museum zugänglich, in den Communs, den ehemaligen Wirtschaftsgebäuden, sind Fakultäten und Teile der Verwaltung der Universität Potsdam untergebracht. Es gehört zum Weltkulturerbe und wird von der Stiftung Preußische Schlösser und Gärten Berlin-Brandenburg verwaltet.

Seite 1:
Neues Palais,
Parkansicht

Bau und Nutzung

Bereits in der ersten Hälfte der 1750er Jahre beauftragte König Friedrich Zeichnungen für ein Sommerschloss, das er in der südlichen Achse von Schloss Sanssouci an der Havel plante. Die Architekten Johann Gottfried Büring (1723–nach 1788) und Heinrich Ludwig Manger (1728–1790) arbeiteten bis 1755 die Baupläne aus. Johann Michael Hoppenhaupt (1709–wohl 1780) entwarf zudem bereits Wanddekorationen, die er als Kupferstiche veröffentlichte. Jedoch bedingt durch den Siebenjährigen Krieg von 1759 bis 1763 verzögerte sich der Baubeginn und der Bauplatz wurde an das westliche Ende der Hauptallee des Parks verlegt. Unmittelbar nach der Rückkehr des Königs aus dem Krieg erfolgte am 16. Mai 1763 die Grundsteinlegung für das neue Schloss, dessen Errichtung nach den mittlerweile fast zehn Jahre alten Plänen umgesetzt wurde. Der Bayreuther Architekt Carl von Gontard (1731–1791) übernahm ab 1764 die Leitung und bereits am 19. Juli 1768 konnte der Bau feierlich eingeweiht werden. Die Schlossanlage wird durch die Communs, Wirtschaftsgebäude in Form von Pavillonbauten mit Kuppeln, Seitenflügeln und Remisenhöfen ergänzt. Die Entwürfe dazu hatte Jean-Laurent Legeay (nach 1710–nach 1786) angefertigt. Mit der Errichtung der Kolonnaden und dem Triumphtor fanden die Arbeiten im Jahr 1769 ihren Abschluss.

Schon von Weitem ist die Tambourkuppel mit den vergoldeten Figuren der Drei Grazien sichtbar, die die preußische Krone auf einem Kissen tragen, modelliert von Johann Christoph Wohler d. J. (1748–1799) und ausgeführt von Friedrich Jury (seit 1747 in Potsdam). Aglaia, Euphrosyne und Thalia versprechen Glanz, Frohsinn und Festfreude – das Programm des Schlossbaus für seine künftige Nutzung. Jedoch nutzte der König das Palais nur für wenige Wochen im Sommer, wobei vor allem seine Geschwister und wenige Auserwählte seines Hofes zu Opern, Theateraufführungen, großen Tafeln und Illuminationen an der Kolonnade eingeladen waren. Die eigentliche Bestimmung des Palastes war es, ihn für Besucher zu öffnen. Noch im Jahr 1769 erschien der erste Schlossführer von Friedrich Nicolai (1733–1811) gefolgt von zwei Bänden des Galerieinspektors Matthias Oesterreich (1716–1778) auf Deutsch und Französisch. Nach dem verlustreichen Siebenjährigen Krieg setzte König Friedrich hier ein Zeichen, dass Preußen zur Großmacht aufgestiegen war und sich nun auch kulturell in die großen europäischen Fürstenhöfe einreihte.

Die Baugruppe besteht aus einem dreiflügeligen Corps de Logis um einen Ehrenhof mit niedrigen Seitenflügeln und den gegenüberliegenden Communs, zwei Baukörper, die von der im Halbrund angelegten Kolonnade verbunden sind. Von der Parkseite her entwickelt sich die Front als von Kolossalpilastern gegliederter, zweigeschossiger Mittelbau mit Mezzanin (Halbgeschoss), überbaut von einem fensterlosen, lorbeergeschmückten Tambour mit Kuppel und bekrönt von der Drei-Grazien-Gruppe. Die beiden eingeschossigen Seitenflügel auf L-förmigem Grundriss sind optisch durch die beiden von hohen Laternen abgeschlossenen Halbrundkuppeln angegliedert. Balustraden fassen die Dächer ein, auf denen Skulpturen platziert sind, ebenso an den Pilastersockeln. Über 400 Großfiguren stellen Szenen und Gestalten aus der antiken Mythologie dar, entstanden in den Werkstätten der Potsdamer Bildhauer Johann Peter Benckert (1709–1765), Johann Matthias Gottlieb Heymüller (1715–1763), und den Brüdern David (1729–1783) und Johann Lorenz Räntz (1733–1776).

Der breit gelagerte Backsteinbau hat seine architektonischen Vorbilder in dem Stichwerk »Der Fürstliche Baumeister«, den Paul Decker 1711 bis 1716 herausgegeben hatte und der nachweislich in der königlichen Bibliothek vorlag. Für den Bautypus einer *Maison de plaisance* (Lustschloss) ist das Gebäude ungewöhnlich groß. Eine Reise in die rheinischen Provinzen, die Friedrich auch nach Holland führte, kann dafür entscheidend gewesen sein, die dort übliche Bauweise in Ziegel mit weißen Hausteingliederungen zu übernehmen. Aber auch Einflüsse des englischen Palladianismus kamen zum Tragen, konkret das Fassadensystem und die Gliederung von Castle Howard, erbaut von John Vanbrugh und Nicholas Hawksmoor, die im *Vitruvius Britannicus* veröffentlicht waren.

Der Baufortgang erfolgte von Süden nach Norden. Da die Beschaffung von Ziegelsteinen schwierig war, wurde nur der Südflügel in rotem Klinker ausgeführt, die übrige Fassade wurde aus billigeren Ziegeln errichtet, verputzt und in Backstein-Imitation bemalt. Der südliche Seitenflügel beherbergt das Königsappartement, das im Herbst 1765 bereits bewohnbar war. Zu diesem Zeitpunkt stand der Mittelflügel erst im Rohbau. Jeweils parallel verliefen die Arbeiten an den Holzvertäfelungen und der Möbelausstattung. Im Sommer 1768 konnte Friedrich II. das Schloss schließlich für einige Wochen beziehen, um es mit seinen Geschwistern Prinz Heinrich und Prinzessin Amalie mit

Theater- und Opernaufführungen unter dem damaligen Namen »Friedrichsruh« feierlich einzuweihen.

Im Innern wird der Bau durch zwei übereinanderliegende Festsäle in der Mitte bestimmt. Im Süden schließen an der Gartenseite jeweils Galerien an, die im Parterre zur Königswohnung im eingeschossigen Seitentrakt führen, in der Beletage darüber zu den Räumen des Prinzen von Preußen. Für Königin Elisabeth Christine waren keine Räume vorgesehen. An der Hoffront liegen jeweils zwei kostbar ausgestattete und mit rotem Damast ausgeschlagene Appartements übereinander (derzeit nicht zu besichtigen). Der südliche Seitenflügel zu den Communs hin beherbergt im Obergeschoss das Theater, darunter liegen Gästezimmer. Nach Norden folgen auf die Mittelsäle sogenannte Fürstenquartiere, die zur Übernachtung, als Wohnungen und für gesellschaftliche Empfänge von Gästen geeignet waren. Der hohe nördliche Seitentrakt war den Geschwistern Prinz Heinrich und Prinzessin Amalie vorbehalten, während der niedrige nördliche Seitentrakt der Unterbringung der die Herrschaften begleitenden Hofdamen und Kavaliere diente.

Die Communs mit ihren im Oval angelegten Treppenanlagen und ihren mit dem Hauptbau korrespondierenden Kuppeln dienten zur Unterbringung von Dienerschaft, den Küchen, dem Gefolge der Gäste und der Hofverwaltung. Die Anlage antwortet architektonisch auf das Corps de Logis und bildet mit seinen barocken, goldverzierten Kuppeln einen großen Hof, in dem Feuerwerke und sogenannte Illuminationen stattfanden. Noch heute eignet er sich besonders für konzertante Aufführungen im Sommer.

Nach dem Tod Friedrichs des Großen wurde das Schloss von allen Hohenzollern-Generationen mehr oder weniger intensiv bewohnt, ohne grundlegende Veränderungen vorzunehmen. Seit 1821 war in den Communs das Lehr-Infanterie-Regiment stationiert. Friedrich Wilhelm III. (1770–1840) richtete sich um

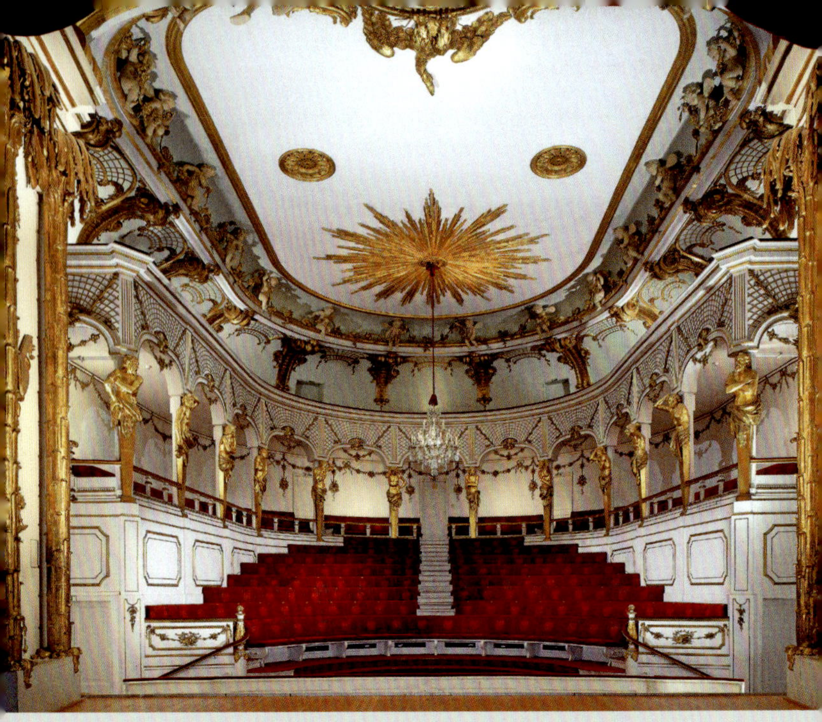

Theater, R 231, Blick in den Zuschauerraum

1820 eine Privatwohnung in der Prinz-von-Preußen-Wohnung ein. Vor dem Dachplateau des oberen Eckkabinetts (R 261) ließ er Orangenbäume und ein blauweiß gestreiftes Zelt mit Korbmöbeln aufstellen. Die Oberen Roten Kammern (R 244–250) stattete er mit zahlreichen Gemälden aus den Berliner Beständen aus, wobei die Besucher des Theaters sicher als Besichtigungspublikum vorgesehen waren. 1832 wurde Felix Mendelssohn Bartholdys Musik zu »Ein Sommernachtstraum« im Theater (R 231) des Neuen Palais uraufgeführt.

Der Bruder Friedrich Wilhelms IV., der spätere Kaiser Wilhelm I. (1797–1888), wohnte seit Mitte der 1820er Jahre vor der Fertigstellung von Schloss Babelsberg mit seiner Gattin in der Heinrichswohnung

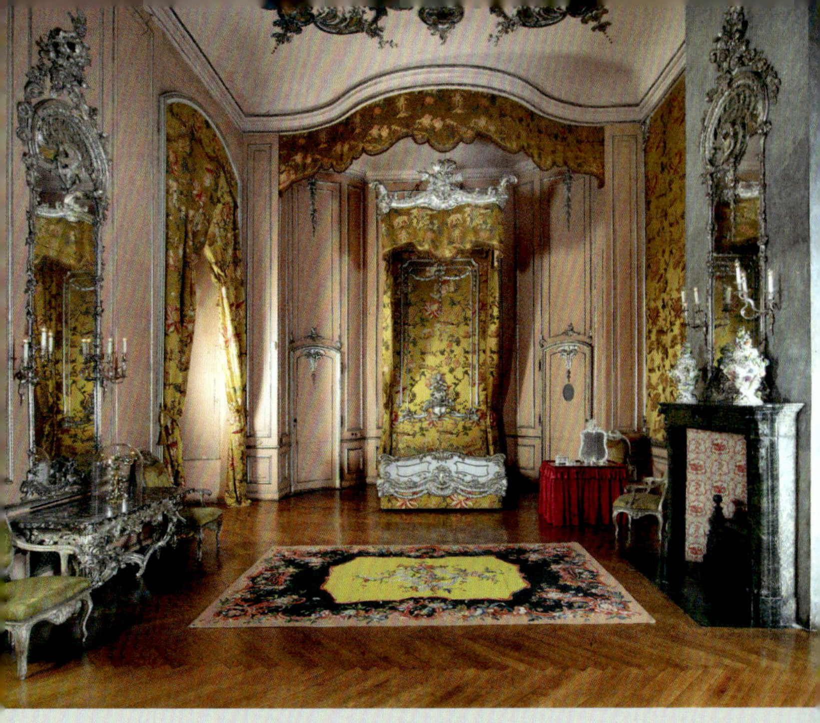

Schlafzimmer der Prinzessin, R154, Blick nach Westen

(R139–157). Am späten Nachmittag des 18. Oktober 1831 brachte Augusta, Prinzessin von Sachsen-Weimar-Eisenach, hier einen Sohn zur Welt, den man auf die Namen Friedrich Wilhelm Nikolaus Karl (Kaiser Friedrich III.) taufte. Gut 25 Jahre später zog dieser junge Prinz dann mit seiner Gattin Prinzessin Victoria von England ins Neue Palais, wo sich das Paar 1858 in der Prinzesswohnung eine Sommerwohnung einrichtete. Damit begann eine neue Epoche für das Schloss. Mit den Jahren verlängerte sich der Sommeraufenthalt der Kronprinzenfamilie und dauerte schließlich von April bis in den November hinein. Eine wachsende Kinderschar machte auch mehr Wohnraum und mehr Komfort erforderlich. So richtete sich das Kronprinzenpaar im Oberen Fürstenquartier ein und wich spä-

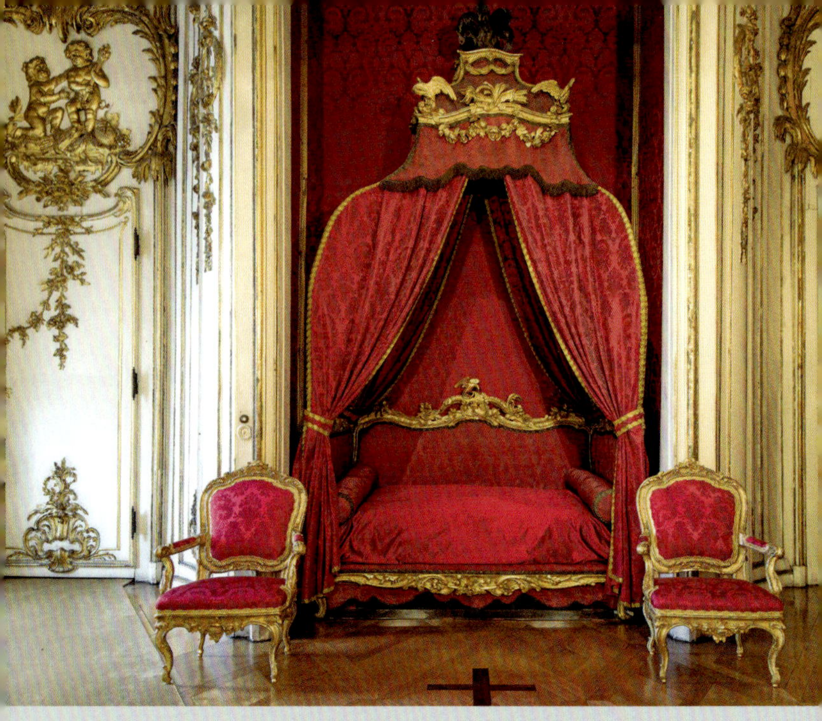

Unteres kleines Schlafzimmer, R 171

ter auch auf das Untere Fürstenquartier aus. Ab 1870 wurden Wasserleitungen im Schloss verlegt sowie Badevorrichtungen und Closets (Toiletten mit Wasserspülung) installiert. Für die kurze Zeit der Regierung als Kaiser Friedrich III. (99 Tage im Jahr 1888) hieß das Gebäude »Friedrichskron«. Familienfeste wie Geburtstage, Taufen und religiöse Festtage wurden im Neuen Palais gefeiert. Am 15. Juni 1888 starb Kaiser Friedrich III. im Unteren kleinen Schlafzimmer (R 171), seine Aufbahrung erfolgte in der Marmorgalerie.

Auch der älteste Sohn von Friedrich und Victoria, Wilhelm II. (1859–1941), wurde im Neuen Palais geboren und wuchs hier auf. Als Kaiser verbrachte er ab 1888 hier die Sommermonate mit seiner Familie. Auch Weihnachten wurde im familiären Kreis gefeiert, wobei jedes Kind einen eigenen Christbaum erhielt. Auf der Gartenseite ließ der Kaiser die ursprünglich von Stufen begrenzte Terrasse mit einer Balustrade versehen, auf der Kandelaberskulpturen, Vasen, Putten und Trophäen von Reinhold Begas (1831–1911), Walter Schott (1861–1931) u. a. stehen. Auf der nach Süden führenden, neu angelegten Allee fuhr die kaiserliche Familie im Automobil vom Bahnhof zum Palais. Die sanitären Anlagen wurden ab 1903 wesentlich verbessert und die Warmluftheizung erneuert. Im Marmorsaal fanden in der Kaiserzeit Feste und musikalische Abendveranstaltungen statt, das Vestibül diente als Tanzsaal für die Kinder sowie als Marschalltafel.

Wie schon in friderizianischer Zeit stand das Palais auch in der Regierungszeit Kaiser Wilhelms II. allgemeinen Besuchern nach Anmeldung beim Kastellan zur Besichtigung offen. Zudem wurden besondere Gäste empfangen: Monarchen, Thronfolger und deutsche Bundesfürsten hatten hier ihre Antrittsaudienzen, und auch Privatbesuche von Familienmitgliedern aus ganz Europa fanden hier statt. Denkwürdiges Ereignis ist der Besuch der chinesischen Sühnegesandtschaft im Grottensaal (R 177) im September 1901. Nach dem Boxeraufstand musste Prinz Tschun (1883–1951), ein Bruder des regierenden Kaisers von China, sich für die Ermordung eines deutschen Gesandten persönlich beim deutschen Kaiser entschuldigen. Am 31. Juli 1914 war das Palais Schauplatz der Unterzeichnung der Verordnung, die das Deutsche Reich in den Kriegszustand versetzte. Und nach dem Ende der Monarchie blieb Kaiserin Auguste Victoria noch bis zum 21. November 1918 im Schloss, bevor sie zu ihrem Gatten nach Holland abreiste. Die Tatsache, dass das Neue Palais als Tagungsort der ersten Staatsratssitzung des umgebildeten Preußischen Staatsrates am 16. September 1933 diente, macht die hohe politische Bedeutung deutlich, die dem Gebäude von den Zeitgenossen beigemessen wurde.

Alle Hohenzollern-Regenten nutzten die friderizianische Ausstattung des Neuen Palais als Folie ihrer Selbstinszenierung. Bei Verlusten durch natürliche Abnutzung wurde Ersatz in friderizianischem Stil geschaffen. Der Bau und die Ausstattung der Räume mit einer umfangreichen Gemäldesammlung Alter Meister in Sälen und Kabinetten, antiken Skulpturen und Mosaiken, funkelnden Kristalllüstern, großen, wandfüllenden Spiegeln in vergoldeten Rahmen, Seidentextilien aus Berliner Manufakturen an Wänden und vor den Fenstern, Meißener und Berliner Porzellanen, mit farbigen Hölzern, Schildpatt, Perlmutt und vergoldeten Bronzen applizierten Schränken und Kommoden, ausgedehnten geschnitzten Sitzmöbelgarnituren und mit komplizierten Einlegearbeiten in Holz und Marmor versehenen Fußböden spiegeln die monumentale Selbstdarstellung König Friedrichs II. wider, die die Besucher damals in Staunen und Ehrfurcht vor der Größe des Königs, der Kostbarkeit der Kunstwerke und der Fertigkeiten der Berliner/Potsdamer Kunsthandwerker versetzten. Und es bis heute tun.

Vestibül und Grottensaal

Anders als die Könige und Kaiser betritt der Besucher das Neue Palais heute über die Treppenhäuser und erhält den ersten Eindruck im unteren Vestibül. Der in hellen Grautönen gehaltene Raum mit seinen Säulenpaaren und Nischen hatte ursprünglich zwei Kachelöfen in Form von Obelisken. Heute stehen in den Nischen die Marmorskulpturen eines »Lammträgers« und eines »Flöte spielenden Fauns« des französischen Bildhauers Edmé Bouchardon (1698–1762)

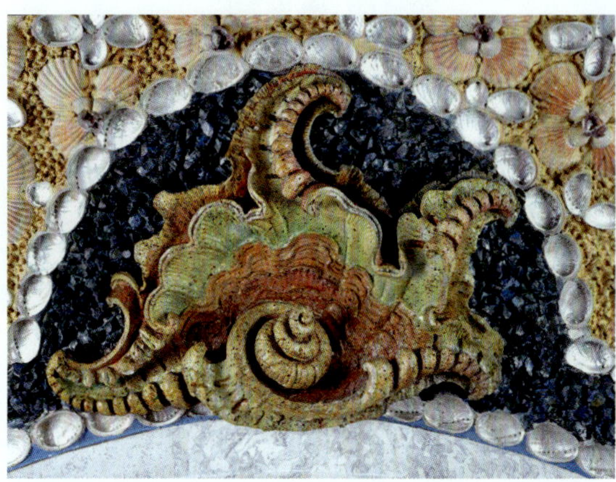

Grottensaal, R 177, Decke, Ornament

nach antiken Originalen aus dem Park Sanssouci. Das Motiv des Deckengemäldes »Apoll und die Musen« von Johann Christoph Frisch (1738–1815) nimmt Bezug auf den König selbst (als Apoll) und die Bestimmung des Schlosses als einem Ort für große Feste, Theater und Konzerte.

Der Grottensaal (R 177) weist eine weltweit einmalige Dekoration aus weit über 20 000 unterschiedlichen Mineralen, Erzen, Fossilien, Schlacken, Gesteinen und Artefakten sowie unzähligen Muscheln, Schnecken und künstlichem Grottierungsmaterial

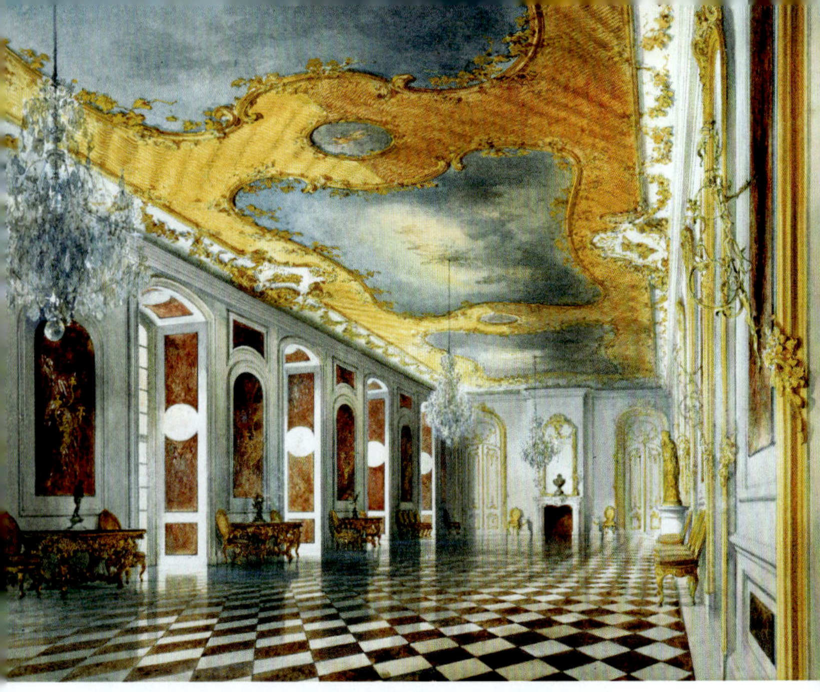

Carl Graeb, Marmorgalerie, R 178, Aquarell, 1853

auf. Vermutlich war die Gestaltung zur Zeit Friedrichs II. etwas schlichter, jedoch verzichtete der König in diesem bedeutenden Raum nicht auf die symbolhafte Verwendung von Gesteinen und Erzen aus dem von ihm besiegten Schlesien. Der gestalterische Hauptakzent lag im 18. Jahrhundert auf dem farbig inkrustierten Marmorfußboden der beiden Potsdamer Bildhauer Melchior Kambly und Matthias Müller. Die Grotte wurde zwischen 1887 und 1897 teilweise erneuert und mit zahlreichen Mineralien aus den Sammlungen von Mitgliedern des Königshauses, Souvenirs und Geschenken bereichert. Sie bietet damit eine facettenreiche Quelle für die Geschichte Preußens. In friderizianischer Zeit diente der Grottensaal anlässlich der Festwochen im Sommer als Speisesaal, unter Kaiser Wilhelm II. auch für Audienzen.

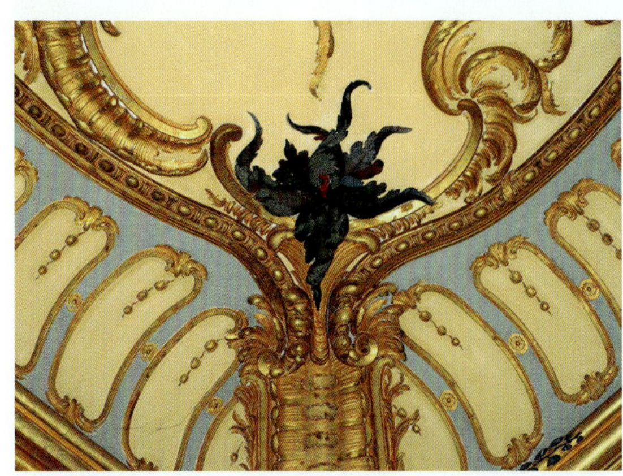

Blaue Kammer, R 179, Detail, Blattknospe

Marmorgalerie und Königswohnung

Die Marmorgalerie (R 178) liegt nach Osten zum Park hin und lässt die Morgensonne hereinfluten. Durch die der Gartenwand gegenüberliegenden Spiegelnischen, die an Spalierbögen im Garten erinnern, erhöht sich die Helligkeit zusätzlich. Die Deckengemälde von Bernhard Rode (1725–1797) sind den Tageszeiten gewidmet. Vorbild für die Dekoration der Decke aus Weinlaub und einem welligen, antikisierenden Muster (Strigillierung) war die Kleine Galerie im Schloss Sanssouci. Auf den drei großen vergoldeten Wandtischen liegen Platten aus antiken Mosaikfußböden. Die Stuckdekoration mit Wein und Trauben in Verbindung mit den vielen Tafelstühlen legen nahe, dass hier an mehreren festlich gedeckten Tischen gegessen wurde.

Auf die Marmorgalerie folgt nach Süden die Blaue Kammer (R 179). Sie ist als Gemäldekabinett eingerichtet, wobei die Wandvertäfelung auf einen Stich J. M. Hoppenhaupts zurückgeht. In einem für den preußischen König typischen *bleu mourant* gestrichen mit vergoldeten Pilastern und spielenden Puttengruppen

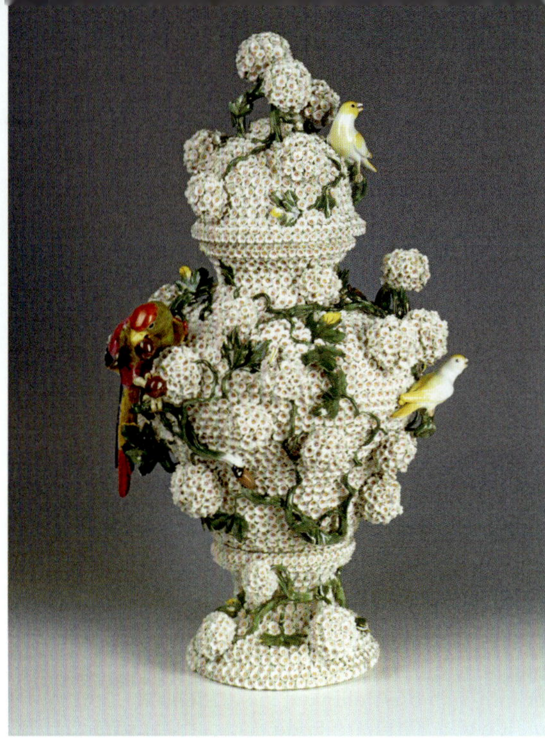

Meißener Deckelvase mit Schneeballblüten, um 1760

in Relief bildet sie die Folie für die Präsentation bedeutender Gemälde Alter Meister. Zentral ist das Bild der Westwand, eine Kopie des Christian Wilhelm Dietrich (1714–1774) nach Correggios *Heiliger Nacht* (Leihgabe der evangelischen Erlösergemeinde in Jerusalem, wohin Kaiser Wilhelm II. es geschenkt hatte). Das Original, das im 18. Jahrhundert zu den berühmtesten und meistbewunderten Werken der italienischen Malerei zählte, hatte Friedrich II. bei seinem Aufenthalt in Dresden während des Siebenjährigen Krieges gesehen. Das Gemälde trotz der Besetzung Dresdens durch seine Truppen nicht nach Potsdam geholt zu haben, sondern sich mit einer – hervorragenden – Kopie eines berühmten zeitgenössischen Künstlers zu begnügen, wies ihn als großmütigen Sieger aus. Darauf bezieht sich auch das Bild *Alexander und die Frauen des Dareius*, das Friedrich bei Pompeo Batoni in Auftrag gab. Das Gemälde zeigt Alexander den Großen vor der Familie des von ihm 333 v. Chr. in der Schlacht von Issos besiegten persischen Königs Darius. Der siegreiche Alexander begegnet der Familie seines Feindes mit Achtung und Fürsorge. Damit wird auf die Großmut König Friedrichs angespielt.

Die folgende, in einem zarten Rosa mit glänzend weißen Lackpartien gestaltete Fleischfarbene Kammer (R 180) wurde von den Zeitgenossen wegen des Fehlens von Gold oder Silber als wohltuend vermerkt. Stattdessen prunkt der Raum mit 23 Meißener Schneeballvasen auf den weißen Wandkonsolen. Sie wurden 1735 von Johann Joachim Kändler (1706–1775) modelliert und sind Kriegstrophäen der preußischen Besatzung Sachsens durch Friedrich im Siebenjährigen Krieg. Sie gelten als die größte Sammlung ihrer Art. In den beiden Räumen befanden sich ursprünglich die umfangreichsten Sitzmöbelgarnituren des Schlosses. In der Blauen Kammer standen ein Kanapee und zwölf Armlehnstühle, in der Fleischfarbenen Kammer 14 Fauteuils und ein großes Sofa. Diese Möbel verweisen darauf, dass hier ein Aufenthaltsraum vorgesehen war, in dem Besucher etwa auf ein Konzert warteten, nachdem sie in der Blauen Kammer die Gemälde betrachtet hatten. Die Sitzmöbel der beiden Räume sind, bis auf einen Sessel, jedoch Verlust.

Die Königswohnung im niedrigeren Südtrakt war im Herbst 1765 mitsamt der Möblierung fertig gestellt, sodass der König dort erstmals seinen Kaffee einnehmen konnte. Das Konzertzimmer (R 211) entstand in Anlehnung an das Konzertzimmer des Schlosses Sanssouci, mit seinen Spiegelnischen mit Gitterwerk gegenüber den Fenstern wiederum ähnlich denen in der Marmorgalerie. Eine reich verzierte Wandvertä-

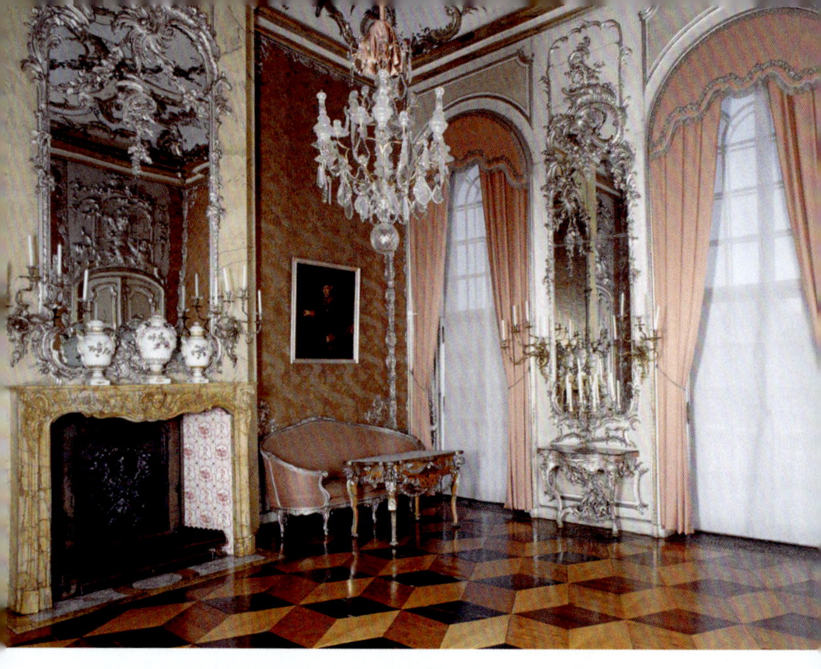

Königswohnung, Rosa Kammer, R 210, Blick auf den Kamin

felung mit Bezügen zum Thema Musik und eine Farbgestaltung in zartem Grün und Gold empfangen den Besucher. Fast unsichtbar für das Auge verbergen sich die Notenschränke zwischen den Spiegelnischen. Die Musikinstrumente in der Deckendekoration sind reale, vergoldete Instrumente. Kostbar sind die beiden vergoldeten Konsoltische mit den anmutig geschnitzten Reihern von Peter Schwitzer (–1772 tätig) mit Platten aus Chrysopras, einem grünen Halbedelstein, den der König besonders liebte. Das Hammerklavier auf dem originalen, vergoldeten Gestell ist von Gottfried Silbermann (1683–1753).

Die rosa Wandtapete in der Rosa Kammer (R 210) ist aus Silberbrokat, ursprünglich ein in Berlin hergestelltes Seidengewebe mit Silber und Chenille von 1765, heute eine originalgetreue Kopie aus der Zeit um 1900. Die versilberte Sitzmöbelgarnitur war ur-

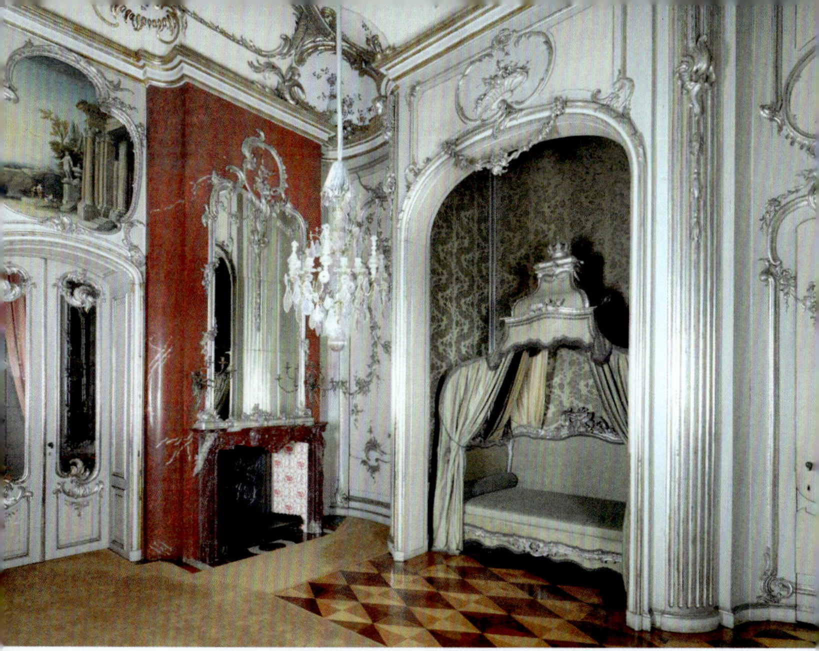

Königswohnung, Schlafzimmer Friedrichs des Großen, R 212

sprünglich mit demselben Stoff bezogen. Hinter dem Schreibtisch aus der Werkstatt der Brüder Spindler steht eine versilberte Ottomane. Dieses halbrunde Sofa ist ein für die damalige Zeit sehr moderner französischer Möbeltypus. Hier kommt zum Ausdruck, dass der preußische König sich neuester Stilströmungen sehr bewusst war und sie dort umsetzte, wo er es für bequem hielt. Die große Prunkkommode mit Schildpattfurnier und Einlegearbeiten aus Elfenbein und Perlmutt hat Heinrich Wilhelm Spindler (1738–1799) angefertigt, die versilberten Beschläge wurden in der Werkstatt Melchior Kamblys (1718–1782) gegossen.

Soweit bekannt hat Friedrich der Große in einem eisernen Feldbett geschlafen, das er überall hin mitnahm (nicht erhalten). Im seinem Schlafzimmer (R 212) steht seit um 1900 ein versilbertes Bett im Alkoven mit einer geschnitzten Krone als einer Zu-

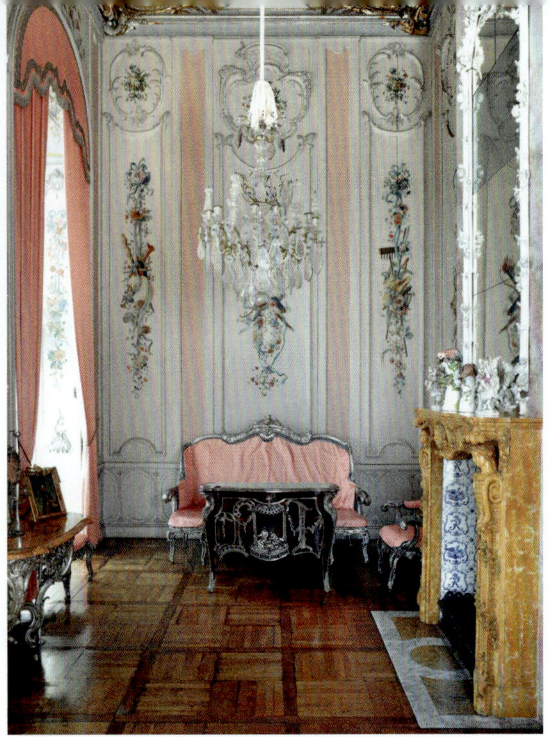

Königswohnung, Schreibkabinett Friedrichs des Großen, R 214

tat aus dieser Zeit, als auch die ursprünglich blau-silberne Wandverkleidung nachgewebt wurde. Auf dem versilberten Sessel der Erstausstattung hat sich der originale Bezug erhalten. Übereck angeordnet ist das private Schreibkabinett des Königs (R 214). Der Eindruck des Raumes mit einer ursprünglich gelben Lackierung mit versilberten Profilen wird durch eine Übermalung aus der Zeit um 1960 verfälscht. Die farbigen Blumenarrangements waren auf glänzenden, gelben Lackfond gemalt, auch die Konsoltischplatte und die Kamineinfassung sind farblich darauf abgestimmt. Die Schildpattmöbel sind in der Manufaktur Melchior Kamblys angefertigt.

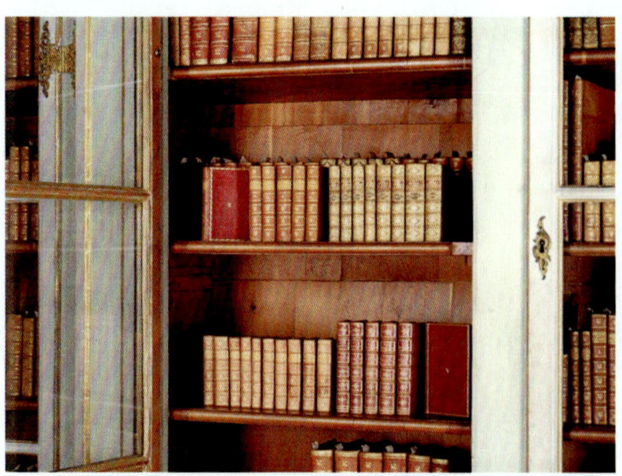

Königswohnung, Bibliothek Friedrichs des Großen, R 208

Dass der Durchgang in das angrenzende kleine Speisezimmer (R 215) über den Alkoven des Schlafzimmers erfolgt, ist ein grober Verstoß gegen jegliche zeremonielle Gepflogenheit. Bei Einladungen an die private Tafel des Königs ist der einzig denkbare Zugang der Gäste über die Fenstertüren. Der Eingang über die Bibliothek (R 208) war ihnen verwehrt, denn sie war »auf Sr. Majestät des Königs allerhöchsten Befehl« tabu. Die Ausstattung mit sechs Fauteuils und sechs »ordinairen Stühlen« macht es wahrscheinlich, dass der König dort in kleinem, privatem Kreis speiste. Auf den besonderen Wunsch des Königs hin muss das Kleine Lesekabinett (R 216) angelegt worden sein. Es hat eine wesentlich geringere Deckenhöhe als die anderen Räume und seine Südlage macht es zu einem hellen, warmen Rückzugsort.

Nach einer vorgelegten Kammer (R 209) mit originaler Seidenbespannung liegt die Bibliothek, die Friedrich II. ausdrücklich für seinen persönlichen Gebrauch vorgesehen hatte. Sie hat einen Zugang vom Theatertreppenhaus, das neben der Marmorgalerie den einzigen Zugang zum Königsappartement darstellte. Die den Fenstern gegenüberliegende Seite ist mit Bücher-

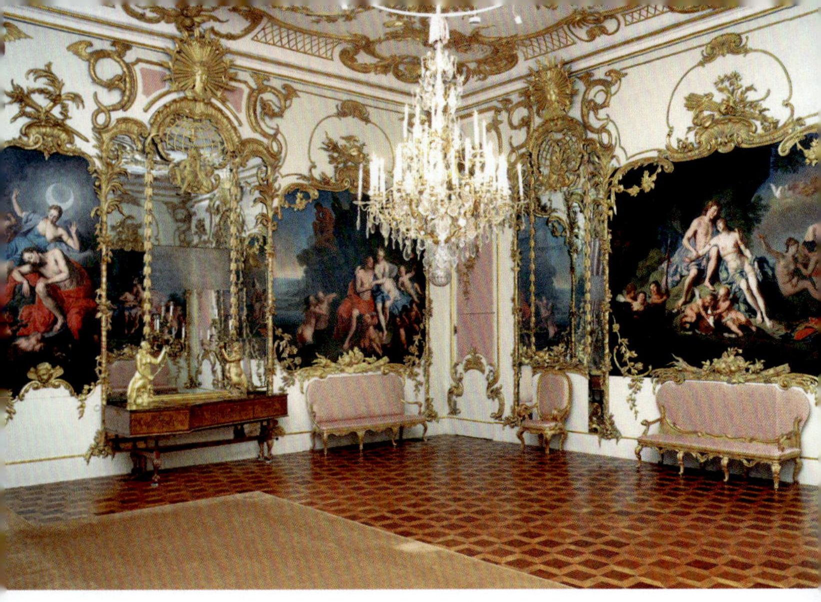

Unteres Konzertzimmer, R 161

schränken versehen, die durch besonders kostbare antike Büsten bekrönt werden (heute Nachbildungen, die Originale in der Antikensammlung Berlin). Der König hatte insgesamt sechs Bibliotheken mit fast identischem Bücherbestand, der im Neuen Palais fast vollständig erhalten ist. Die Bücher wurden in rotem Ziegenleder gebunden und zur Kennzeichnung des Standortes auf dem Buchrücken mit einem in Gold geprägten Buchstaben versehen. Die Bücher des Neuen Palais erhielten ein »S« für Neues Palais von Sanssouci, während die Bände der Bibliothek des Schlosses Sanssouci ein »V« für »Vigne« (Weinberg) erhielten. Die meisten Bücher sind in Französisch, selbst die Werke des einzigen deutschen Philosophen, den der König las, Christian Wolff, wurden ins Französische übersetzt. Große Folianten mit Kupferstichen wurden in den sehr eigenwillig gestalteten Kastenmöbeln auf der Fensterseite aufbewahrt. Die aufliegenden antiken Mosaikplatten sind aus der Villa Hadriana in Rom.

Die Fürstenquartiere

Durch die Konzentration der Privatappartements des Königs und des Kronprinzen im südlichen Teil des Gebäudes, konnten im nördlichen Corps de Logis zwei große Appartements übereinander angelegt werden, die dem Rang fürstlicher Besucher angemessen waren. Jeweils auf der Parkseite folgen auf drei große Räume ein Konzertzimmer und ein kleines Kabinett (R161–165 und R257–261), die für eher öffentliche Nutzungen vorgesehen waren. Zum Ehrenhof hingegen liegen die privaten Zimmer: Vorzimmer, Gemälde- bzw. Schreibkabinett, Ruhezimmer, Schlafzimmer und ein weiteres Schreibkabinett (R160–173 und R269–276). Beide Wohnbereiche waren über separate Treppenhäuser zu erreichen und nicht einem Paar zuzuordnen. Die Schlafzimmer konnten getrennt genutzt werden, ebenso die Wohnzimmer, wodurch zwei Appartements doubles (unabhängig voneinander zu benutzende Raumfluchten) entstanden. Sind im Erdgeschoss die ersten Räume auf der Gartenseite und im Ruhezimmer mit rotem Seidendamast ausgekleidet, so dominiert im Obergeschoss grüner Damast.

Im Unteren Fürstenquartier hat sich die Ausstattung zu großen Teilen erhalten. Auf den Grottensaal folgt das Tamerlanzimmer (R165), das seinen Namen nach dem wandfüllenden Gemälde Andrea Celestis *Tamerlan und Bajazeth* trägt. Es gehört zum originalen Bestand des Raumes und erzählt die Geschichte des siegreichen Herrschers Tamerlan, der den unterlegenen Bajazeth schmachvoll in einen Käfig sperren lässt und somit einen unmoralisch handelnden König verkörpert. Sein Gegenstück Alexander, der den besiegten Dareius mit Achtung behandelt, hängt sinnigerweise in der Blauen Kammer (R179) der Königswohnung. Das Tamerlanzimmer ist als Gemäldesaal mit Werken italienischer Malerei des 16. bis 18. Jahrhunderts ausgestattet. Viele der ursprünglichen Ge-

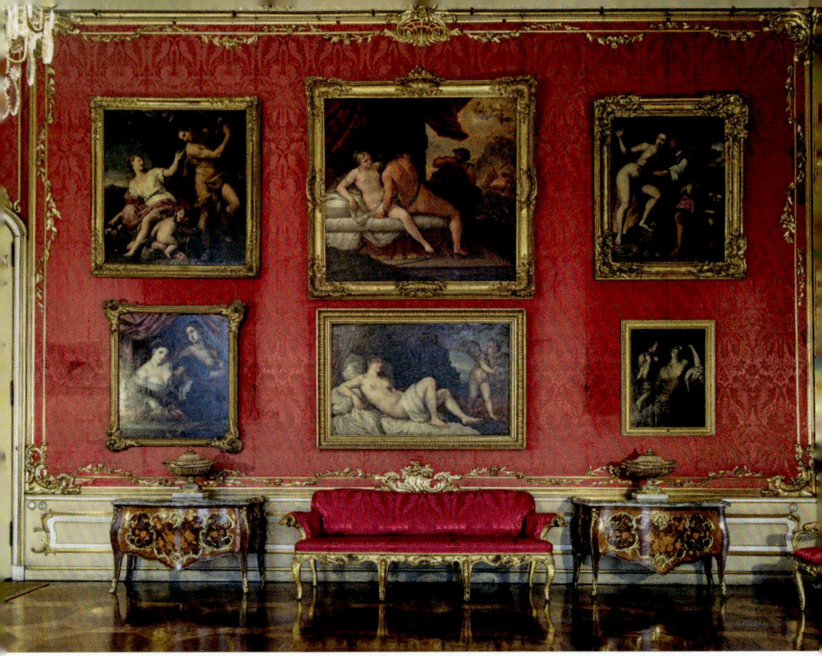

Erdgeschoss, Rote Damastkammer, R 164

mälde fehlen, da sie schon im frühen 19. Jahrhundert in das neu gegründete Berliner Museum gegeben wurden. Die russische Inschrift der Südwand »Tod den deutschen Besatzern« ist eine Reaktion sowjetischer Soldaten auf die Aggressionen und Zerstörungen der deutschen Wehrmacht in der Sowjetunion. Als Ausgleich für die von Deutschen vernichteten und gestohlenen Kulturgüter ließen Beutekunstkommissare der Roten Armee nach dem Zweiten Weltkrieg sehr viele Kunstwerke in die damalige Sowjetunion bringen. Von der ursprünglichen Garnitur von einem Kanapee mit zwölf Sesseln und sechs Stühlen ist deshalb nur ein Armlehnstuhl erhalten.

Auch die Rote Damastkammer (R 164) ist reich mit Gemälden ausgestattet, die jedoch nur zum Teil der ursprünglichen friderizianischen Ausstattung entsprechen. König Friedrich ließ für viele der von ihm er-

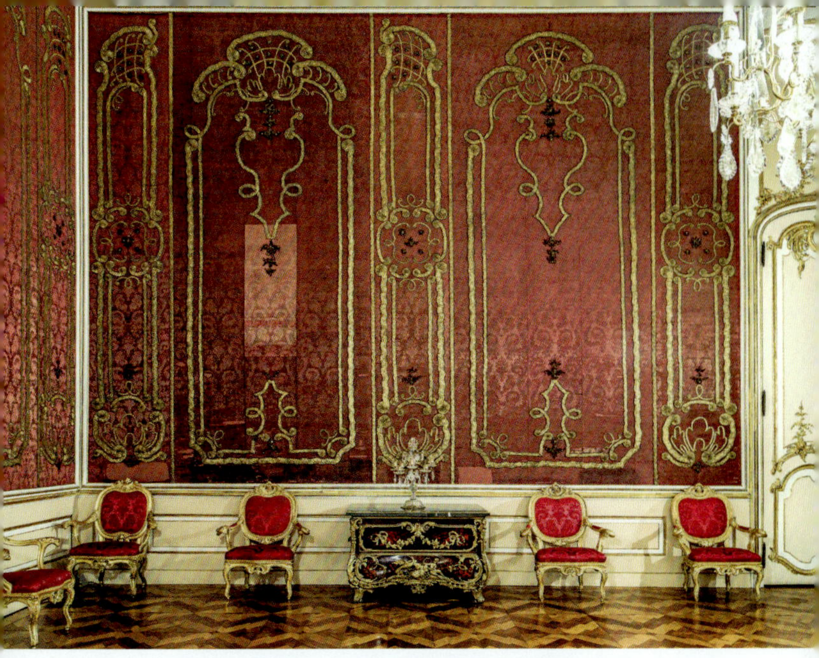

Tressenzimmer, R 163

worbenen Gemälde eigens Rahmen anfertigen. Häufig kamen sie aus der Werkstatt derselben Bildhauer, die auch für die Wandvertäfelungen und Sitzmöbelgarnituren beauftragt wurden. So konnte die Einheitlichkeit der Dekorationen, die für die Epoche des Rokoko so charakteristisch ist, gewahrt werden. Melchior Kambly ist Schöpfer des opulenten quadratischen Rahmens (originalgetreue Kopie an der Nordwand) um das auf Holz gemalte runde Gemälde der Familie Bonaventura-Strozzi-Arrighi aus der zweiten Hälfte des 16. Jahrhunderts. Das Kommodenpaar stammt von Johann Friedrich Spindler (1726–nach 1799), der im Herbst 1765 aus Bayreuth an den preußischen Hof gekommen war. Er und sein Bruder Heinrich Wilhelm (1738–1799) waren diejenigen, die die Kunst der Holzmarketerie am preußischen Hof einführten. Farbige Blütenarrangements, Architekturbilder und fein ge-

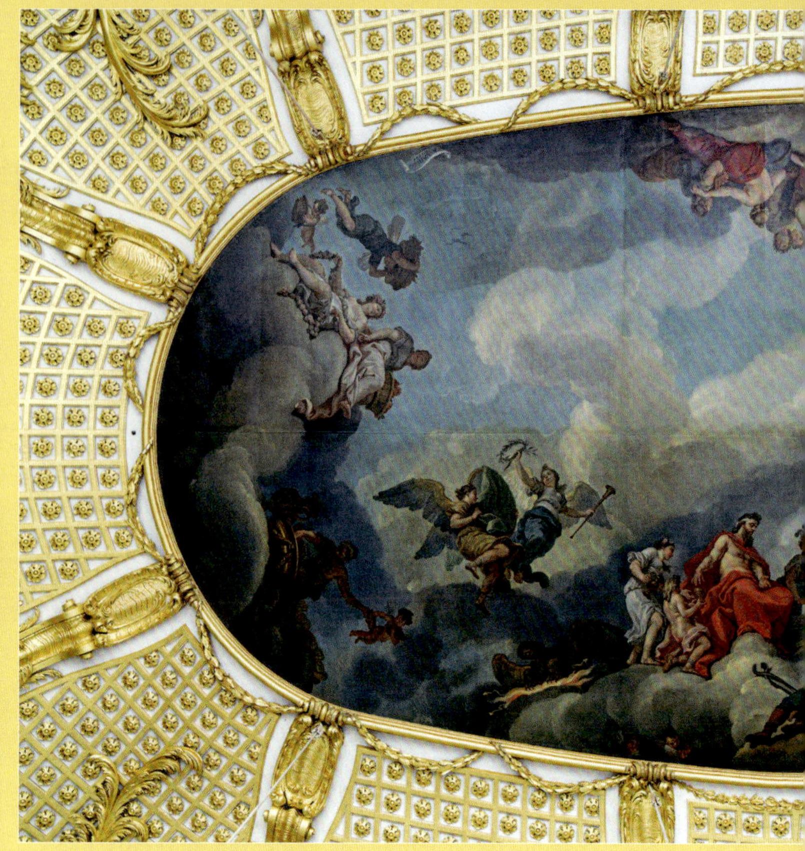

Marmorsaal, R 256, Deckengemälde von Amédée van Loo: Göttermahl mit der Einführung Ganymeds in den Olymp

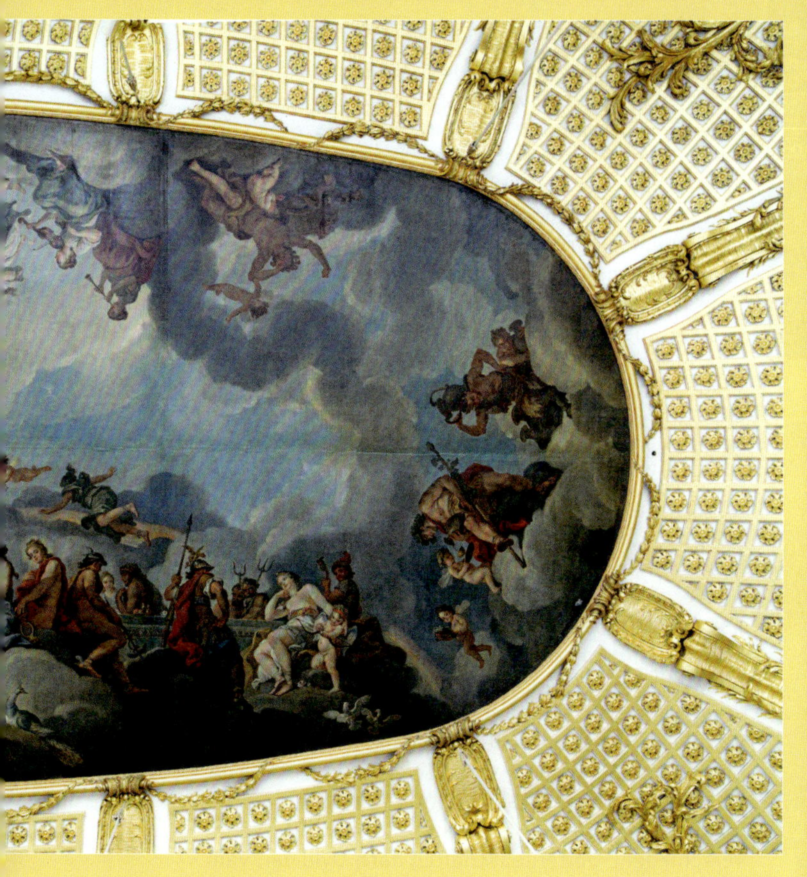

zeichnete Rocaillen in schwungvollen Rahmen gehören zu ihrem gemeinsamen Formenrepertoire, sodass oft nicht entschieden werden kann, von welchem der Brüder der eingelegte Fußboden oder das Möbel angefertigt wurde. Mit meist heimischen, Stück für Stück gefärbten Holzfurnieren, Brandschattierungen für Helldunkeleffekte und feinen Gravuren gelang es ihnen, bildhafte Wirkungen zu erzielen (Abb. S. 28).

Im Tressenzimmer (R 163) hat sich die rote Seidendamasttapete erhalten. Sie ist mit vergoldeten Silbertressen und Crepinen besetzt und wurde von der Berliner Manufaktur Gebrüder Baudouin und Söhne gewebt. Der Raum konnte auf Grund der Möblierung als Spielzimmer und als Speisezimmer genutzt werden. Da Seidenbespannungen durch Lichteinwirkung im Laufe der Zeit zerfallen, ist eine solche Bespannung aus dem 18. Jahrhundert äußerst selten.

Die weiße und vergoldete Boiserie im Unteren Konzertzimmer (R 161) wird durch den vor wenigen Jahren nachgewebten Droguet als Sitzmöbelbezug und Vorhangstoff eindrucksvoll betont. Diese kleinteilig gemusterte Seide fand eigentlich vor allem für Kleidungsstücke Verwendung. Als Wandbespannung sowohl im Speisekabinett der Königswohnung (R 215) als auch im Unteren Konzertzimmer ist er sonst nicht verwendet worden. Die in die Wand integrierten Gemälde des Jacques van Schuppen (1670–1751) stellen verschiedene Götterliebschaften nach Ovid dar. Van Schuppen war unter Kaiser Karl VI. (1711–1740) Hofmaler in Wien. Als die Bilder Friedrich II. zum Kauf angeboten wurden, lehnte der zunächst ab. Erst als der Vertraute des Königs, Marquis d'Argens, Friedrich die Herkunft der Gemälde schilderte, entschied sich der König zum Kauf. Angeblich stammen die Bilder nämlich aus dem Appartement von Kaiser Franz I. in Schloss Laxenburg bei Wien. Nach dessen Tod habe seine Gattin, Kaiserin Maria Theresia, sie aufgrund der freizügigen Darstellungen entfernen lassen. Of-

Ovales Kabinett, (Tassenkopfzimmer), R162

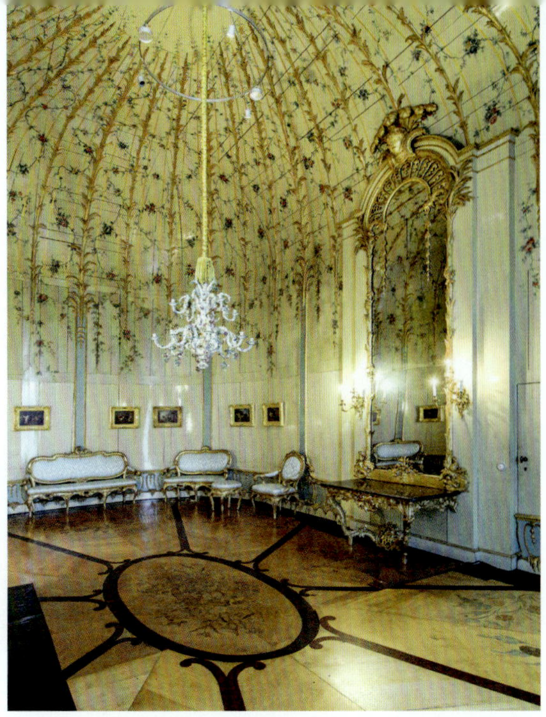

fensichtlich gefiel Friedrich diese Geschichte von der Prüderie seiner Feindin derart, dass sie ihn zu dem Kauf bewegte. Von der originalen Sitzmöbelgarnitur hat sich nur ein Armlehnstuhl erhalten, der sich mit seiner Rückenlehne nahtlos in die Wandschnitzerei einfügt. Der zweite ist eine Kopie. Der Flügel ist von Burkart Tschudi aus London von 1766 (Untergestell Kopie des 20. Jahrhunderts). Berühmt war bei seinen Instrumenten eine neue, damals fortschrittliche Art der Mechanik, bei der der Pianist lautes und leises Spielen besser regulieren konnte.

Das Ovale Kabinett (R162) mit einer lackierten Wandvertäfelung und einem marketierten, mit verschiedenen Hölzern eingelegten Fußboden aus der Werkstatt der Brüder Spindler ist wie eine Garten-

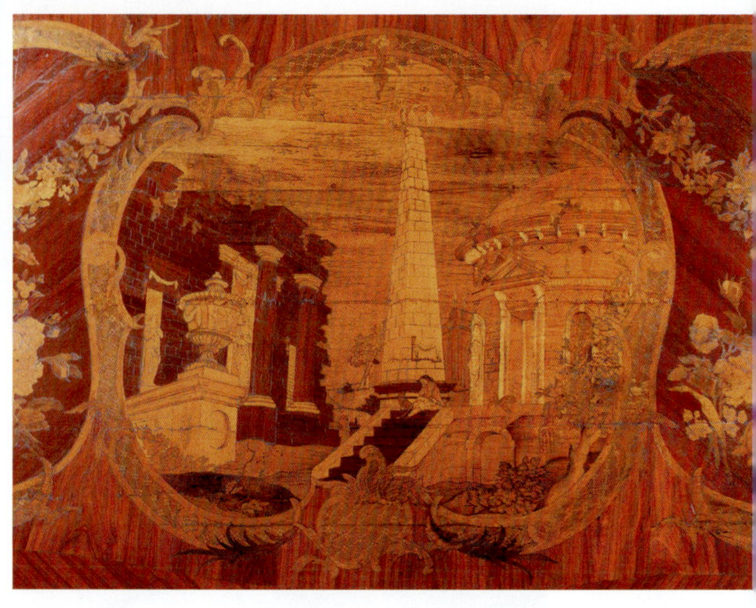

Brüder Spindler, Schreibtisch mit schräger Platte, Detail

laube gestaltet. Die Raumstruktur wurde gezielt im Hinblick auf die Hängung der 14 kleinformatigen Gemälde geschaffen, die König Friedrich 1766 erworben hatte. Die Gemälde von Jean-Baptiste Pater (1695–1736) aus den Jahren um 1730 bis 1736 bilden einen Zyklus zum *Roman Comique* des französischen Schriftstellers Paul Scarron (1610–1660). Dieser komische Roman erzählt die Geschichte des kleinen Ragotin, des Helden einer Schauspieltruppe und ihren Abenteuern und Missgeschicken. Die Geschwister Friedrich und Wilhelmine hatten den Roman in ihrer Kindheit gelesen und insgeheim Mitgliedern des Hofes Spitznamen aus der Erzählung gegeben.

Zur Ehrenhofseite gelegen reihen sich die privaten Zimmer. Im ersten Vorzimmer (R 170) ist die Gemäldehängung der Erstausstattung weitgehend angenähert. Vor den Sitzmöbeln steht ein Schreibtisch der

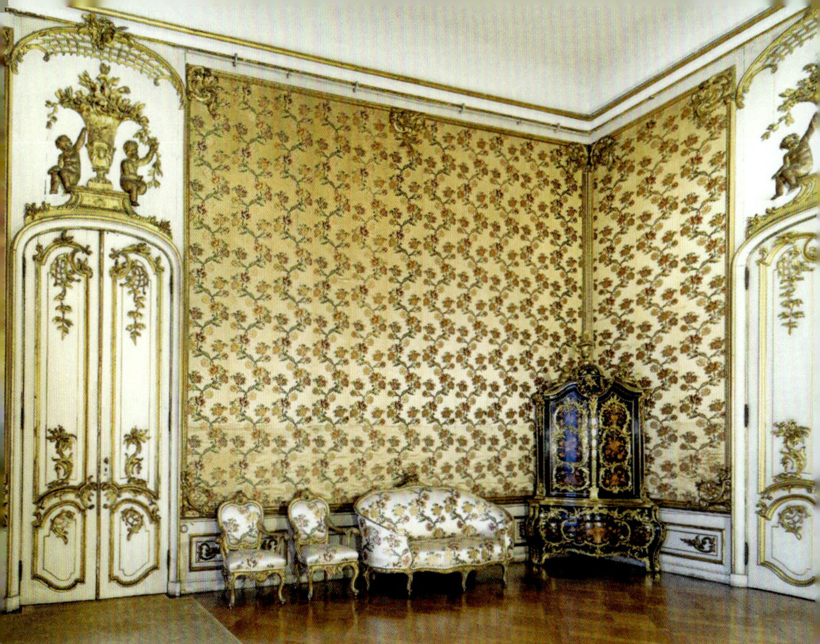

Unteres großes Schlafzimmer, R 173

Brüder Spindler mit einem für die Werkstatt typischen Marketeriebild einer illusionistischen Architektur auf der schrägen Platte. Das kleine Schlafzimmer (R 171) mit dem *Lit à la polonaise*, einem quer zur Wand stehenden Bett, war zum Ausruhen tagsüber gedacht. Hier verstarb Kaiser Friedrich III. (1831–1888), woran die Inschrift über dem Alkoven: »Friedrich III. + den 15. Juni 1888« erinnert, sowie die Büste Friedrichs III. von J. Uphues von 1893. Das großformatige Gemälde Adolf Menzels zeigt die Krönung Wilhelms I. (1797–1888) 1861 in Königsberg. Menzel versammelt in 132 Einzelporträts den damaligen Hof, darunter den Kronprinzen, Friedrich (III.), der den Reichsapfel hält. Das anschließende große Schlafzimmer (R 173) ist mit einem Imperialbett mit großem Baldachin im Alkoven ausgestattet. Die Wandbespannung aus einem broschierten Berliner Atlas mit Chrysanthemen-Muster

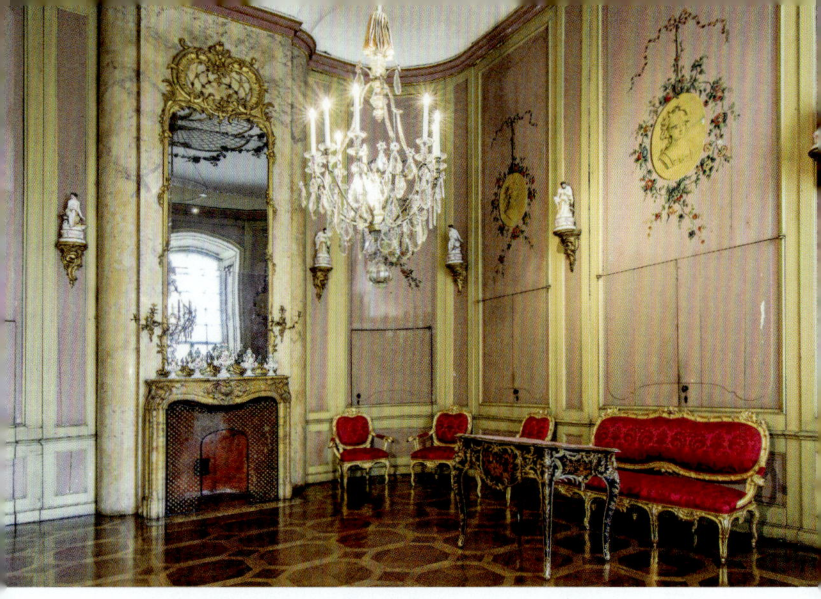

Unteres Kabinett, R 160

ist deutlich von französischen Vorbildern angeregt, geht aber letztlich auf die Porzellanmalerei zurück. Der Stoff wurde für das Bett, die Wände, Gardinen und Sitzmöbelbezüge verwendet und ist auch gleichartig im darüber liegenden Schlafzimmer (R 272) eingesetzt. Auch die Marketerie des Eckschrankes des Heinrich Wilhelm Spindler ist von diesem Muster angeregt und selbst im Deckenstuck tauchen Chrysanthemen auf. Die Raumgestaltung des folgenden Schreibkabinetts (R 160) mit einem Schreibtisch der Werkstatt Spindler ist in klassizistischem Stil gestaltet. Die Porzellanfiguren auf den Wandkonsolen und die umrankten antikisierenden Frauenbildnisse geben dem Raum einen klassizistischen Akzent. Die in die Wandfelder eingelassenen Schränke sind Einbauten der Kaiserzeit und entstanden durch Aufsägen der Wandvertäfelung.

Das obere Fürstenquartier kann nach dem Marmorsaal durch die Große Kammer (R 257) betreten

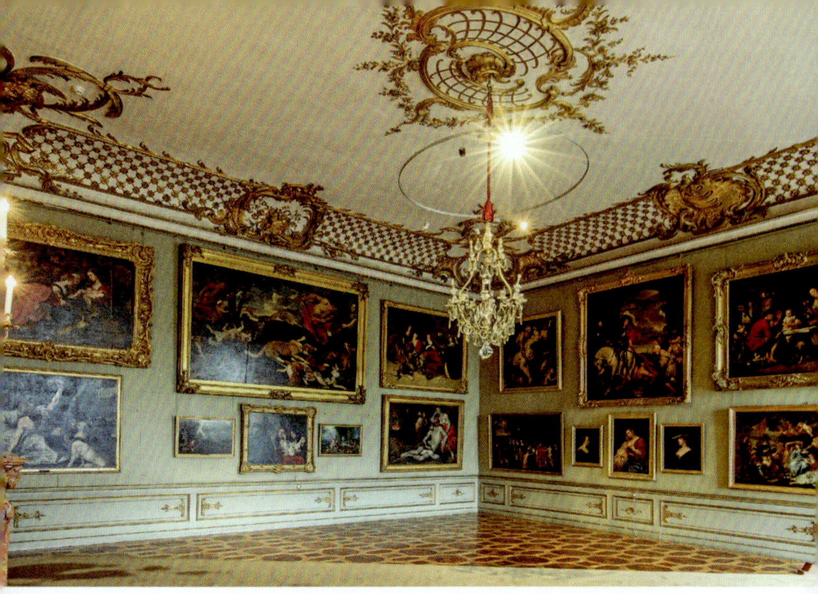

Große Kammer, R 257

werden. Diese ist als Vorzimmer zur Fürstenwohnung nur sparsam dekoriert, da der Raum als Gemäldekabinett eingerichtet wurde. Die Auswahl der Gemälde konzentrierte vor allem flämische Werke des 17. und 18. Jahrhunderts, und wurden damals Meistern wie Peter Paul Rubens und Antonis van Dyck zugeschrieben. Neben einigen holländischen Gemälden gibt es auch Bilder des preußischen Hofmalers Antoine Pesne im Stil niederländischer Vorbilder. Größtenteils hatten sie mythologische oder biblische Themen zum Inhalt, vertreten waren aber auch Genreszenen und Porträts. Trotz der Verluste des Zweiten Weltkriegs erhielt die Große Kammer annähernd wieder ihren ursprünglichen Charakter mit einer Gemäldehängung von niederländischer Malerei des 16. bis 18. Jahrhunderts.

Die folgende Grüne Damastkammer (R 258) ist ihrer Erstausstattung beraubt. Nur wenige Sitzmöbel haben sich von einer einst umfangreichen Garnitur erhalten.

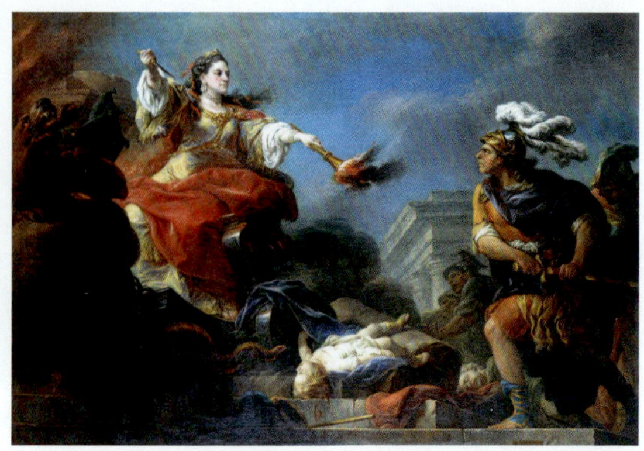

Carle van Loo, Mademoiselle Clairon als Medea mit Le Kain als Jason, 1759

Das Gemälde der Westwand zeigt die Schauspielerin Clairon und den Schauspieler Le Kain als *Medea und Jason* von Carle van Loo von 1759. Das Gemälde war ein Geschenk der Prinzessin Galitzine, Frau des russischen Botschafters in Wien, an die berühmte Schauspielerin Clairon. Ludwig XV. finanzierte den aufwendigen Rahmen für das Gemälde. Erst 1791 kam es nach Berlin, als der Geliebte der Schauspielerin, Karl Alexander von Brandenburg-Ansbach-Bayreuth, seine Fürstentümer an Preußen übertrug. Friedrich der Große besaß nur eine kleine Fassung der Komposition aus demselben Jahr. Sie ist heute im unteren Schreibkabinett der Gästewohnung ausgestellt (R 175). Der dargestellte Schauspieler Le Kain trat 1775 auch im Theater des Neuen Palais auf.

Schnitzereien und Stuckaturen der Jagdkammer (R 259) nach einem Entwurf J. M. Hoppenhaupt d. Ä. nehmen das Thema der Jagd auf, die Domäne der Göttin Diana. In dem umlaufenden Sockelband ist durch erdhaftes Material ihre Grotte angedeutet. Sehr naturalistisch geschnitztes Eichenlaub und Baumstämme, stilisiertes Wasser, Jagdnetze und -trophäen gehören ebenso in diese Themenwelt wie Hasen und Jagdhunde. Auch die Silberbrokat-Tapete

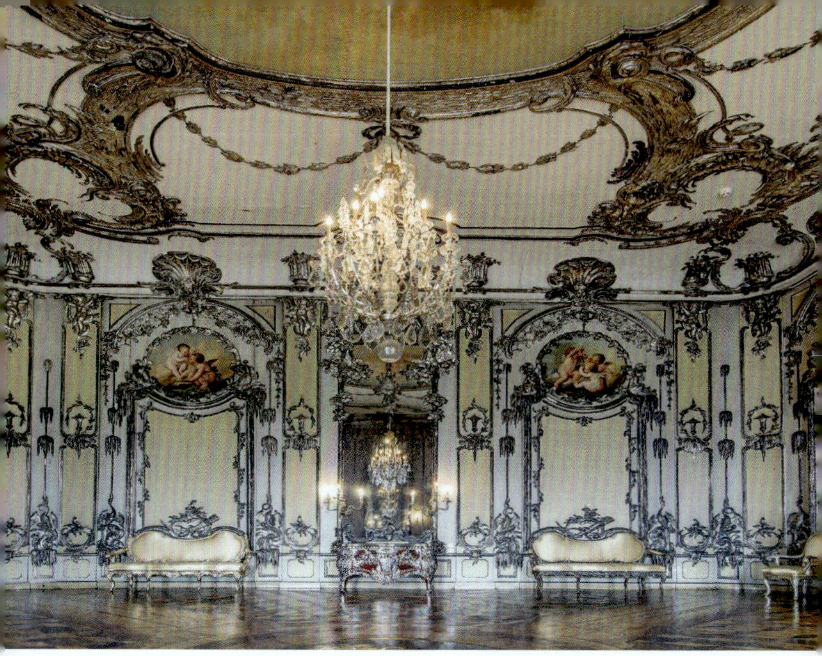

Oberes Konzertzimmer, R 260

auf Wänden und Sitzmöbeln greift mit eingewebtem rötlichem Eichenlaub die Jagdthematik auf. Der Stoff ist durch eine in der Weberei seltene Signatur als Werk der Berliner Seidenmanufaktur Gebrüder Baudouin und Söhne ausgewiesen. Diese Tapete ist zur Rekonstruktion abgenommen.

Im Jahr 1775 fand ein »großes Konzert« bei »Amalie« statt, das man sich gut im oberen Konzertzimmer als dem am kostbarsten ausgestatteten Musikzimmer vorstellen kann. Prinzessin Amalie von Preußen (1723–1787), Äbtissin von Quedlinburg, war die Schwester Friedrichs, die jeden Sommer bei den Fürstenbesuchen anwesend war und die Hausherrin vertrat. Das Obere Konzertzimmer (R 260) mit seinen reich versilberten Dekorationen erhält Leichtigkeit durch die kräftig farbigen Puttendarstellungen in den Rundbildern von Johann Christian Frisch. Auch das

Deckengemälde *Die Jagdgöttin Diana* ist von seiner Hand. Erneut wird das Jagdmotiv im Intarsienfußboden der Brüder Spindler aufgegriffen, der aus konservatorischen Gründen nicht mehr betreten werden darf. Die Kommode des H. W. Spindler nimmt, furniert mit Schildpatt und Perlmutt, Elfenbein und Horn das Leitmotiv des Schlosses, die Drei Grazien, erneut auf, das auch den Kaminsims in Form einer Jaspis-Kamee ziert. Als typisches Merkmal von Raumausstattungen des Rokoko gab es ursprünglich vier Kanapees, die sich in ihren Umrissen nahtlos in die Wandvertäfelung einpassten. Das grün boiserte Eckkabinett (R 261) wurde unter Kaiser Wilhelm II. als Frühstückszimmer genutzt. Die Decke mit einer grauen Malerei in Grisaille (Ton in Ton) harmoniert in besonders eleganter Weise mit der geschnitzten, grün und silbern gefassten Wandvertäfelung. Dazu passend sind die Sitzmöbel versilbert und mit einem weißen Atlas bezogen. Der marketierte Fußboden aus Ebenholz, das mit einem rötlichen Holz kontrastiert ist, kommt aus der Werkstatt der Brüder Spindler und zeigt ein für sie typisches Blütenarrangement (aus konservatorischen Gründen nicht betretbar).

Das nördliche Schlafzimmer des Oberen Fürstenquartiers (R 272) ist im Inventar von 1784 als einziges als »Fürstliches Schlafzimmer« betitelt. Großfürst Paul Petrowitsch von Russland wohnte 1776 wohl dort und auch beim Besuch von Kurfürstin Maria Antonia von Sachsen dürfte dieses Quartier benutzt worden sein. Dafür spricht, dass ihr die königlichen Prinzessinnen gleich nach ihrer Ankunft die Aufwartung machten, was nur in einem der Fürstenquartiere mit mehreren Vorzimmern standesgemäß stattgefunden haben kann. Friedrich billigte der Ausstattung der Räume an der Gartenfront 2 000 Taler mehr zu als im unteren Fürstenquartier und er wollte das Obere Konzertzimmer »bien propre« – sauber – ausgestattet wissen. Heute ist das Schlafzimmer mit einer Möbel-

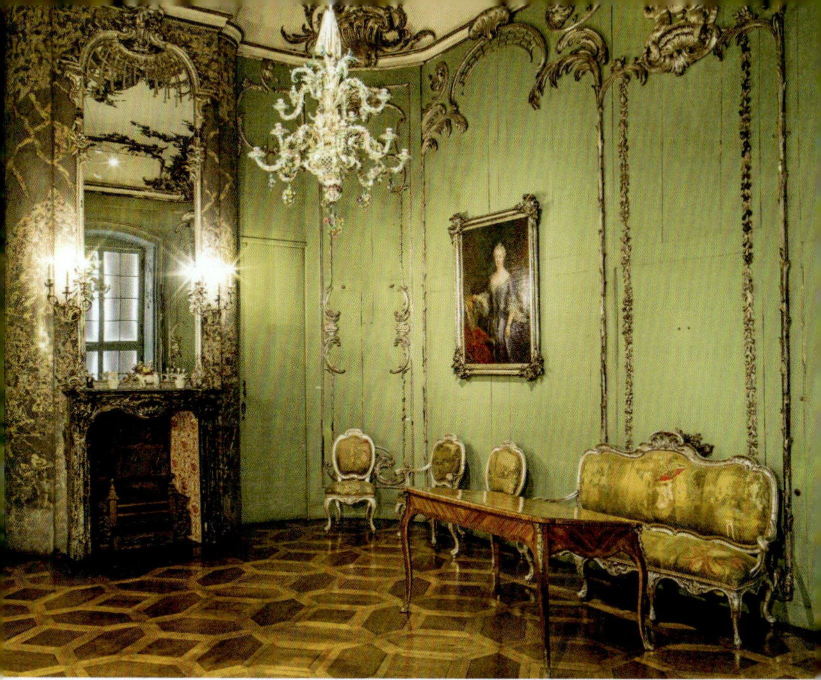

Toilettezimmer ihrer Majestät der Kaiserin, R 269

garnitur des Julius Zwiener aus dem Berliner Schloss ausgestattet.

Das folgende grün boisierte Schreibkabinett (R 269) mit versilberten Schnitzereien ist mit einer Sitzmöbelgarnitur aus einem anderen Raum des Neuen Palais ausgestattet. Der Stoffbezug mit chinesischen Dessins und dem beschirmten Teetrinker als Hauptmotiv stammt aus einer holländischen Seidenmanufaktur.

Die Wohnung des Prinzen von Preußen

Die Räume des Prinzen von Preußen, dem künftigen König Friedrich Wilhelm II. und Neffen Friedrichs, lagen im Corps de Logis über der Königswohnung

(R 237–240). Sie bestehen aus lediglich drei Zimmern, womit sie den Mindestanforderungen an ein fürstliches Appartement des 18. Jahrhunderts zwar gerecht wurden, jedoch in Raumgröße und Anlage äußerst knapp bemessen waren. Da der Kronprinz jedoch ein eigenes Palais in Potsdam besaß, das Krumholtz'sche Haus am Neuen Markt, werden sich seine Übernachtungen im Neuen Palais in Grenzen gehalten haben. Sein großes Vorzimmer (R 240) war als einziger Raum des gesamten Neuen Palais mit Porträts der Dynastie geschmückt und passt sich dem Kanon der Vorzimmer als Gemäldekabinette an. Da es auf dem Weg zum Theater von allen Besuchern durchschritten wurde, war die Hängung ganz in barocker Tradition daraufhin inszeniert, den hohen Rang des Hauses Hohenzollern vor Augen zu führen. Porträts Kaiserin Maria Theresias waren hier zu sehen, von Kaiser Joseph II., der schwedischen Königsfamilie, dem König von Sardinien und der Herzogin von Braunschweig. Mehr als die Hälfte der elf Gemälde war 1784 allerdings nicht gerahmt und sieben davon standen noch auf Stühlen. Die Supraporten in Form von Architekturveduten Carl Friedrich Fechhelms (1723–1785) reihen sich in die Veduten in der Königswohnung und sind somit als Würdezeichen zu interpretieren.

Im Anschluss daran folgt ein kleines Schlafzimmer mit Alkoven (R 239, im 19. Jahrhundert umgebaut) und ein Kabinett (R 238). Dort wurden im 19. Jahrhundert die ursprünglichen Fensternischen in ein Bad mit Toilette umgebaut, zu verschließen mit einer Schranktür. Hinter diesen beiden Räumen verläuft der einfach mit Dielen verlegte Verbindungsgang zum Theater (R 237), wo ein Dienerbett in einem Verschlag stand. In dieser Wohnung fühlte sich König Friedrich Wilhelm III. besonders wohl. Um 1820 wurden die Räume dicht mit Mahagonimöbeln in Kombination mit den weißen und vergoldeten friderizianischen Stühlen und Sesseln eingerichtet.

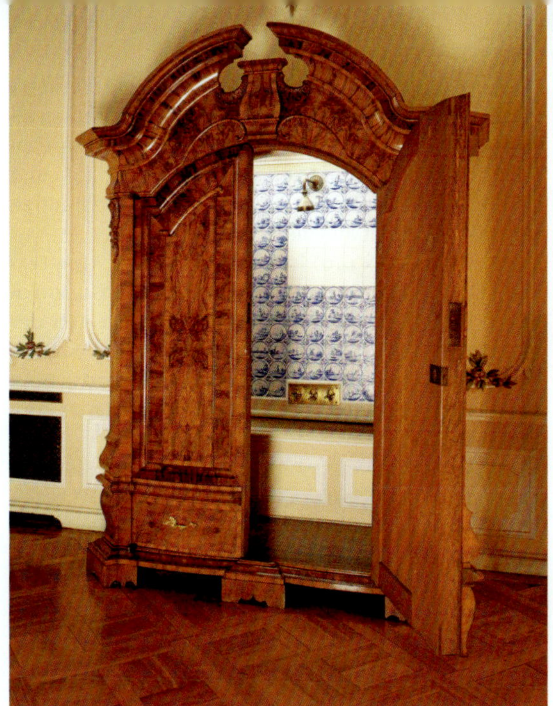

Wohnung des Prinzen von Preußen, Schrankbad (R 238)

Rundgang

Die Heinrichwohnung

Im nördlichen hohen Seitentrakt liegt ebenerdig eine Raumflucht, die im Kopfbau gemeinsam zu nutzende Räume aufweist (R 139–R 157). Sie wurden von dem Bruder Friedrichs, Prinz Heinrich (1726–1802) und seiner Gemahlin, Prinzessin Wilhelmine von Hessen-Kassel (1726–1808), bewohnt. Auf der Nord- wie auf der Südseite folgen je ein Vorzimmer, ein Kabinett und ein Schlafzimmer aufeinander. Letztere besitzen große, von Baldachinen überdeckte Betten. Damit entsprechen sie der typischen Raumfolge des 18. Jahrhunderts. Das Vorzimmer (R 139) ist als Gemäldekabinett mit schlichter Holztäfelung und vergoldeten Ornamenten eingerichtet. Ursprünglich waren hier, der Funktion eines Vorzimmers des 18. Jahrhunderts entsprechend, keine Sitzmöbel. Allerdings gab es eine hölzerne Bettkommode, die dazu diente, dass eine Wachperson oder ein Diener dem Fürstenpaar rund um die Uhr zu Verfügung stehen konnte. Die heutige Kommode stammt aus dem 19. Jahrhundert.

Das Kabinett (R 140) ist mit einer gedruckten textilen Tapete (Kopie um 1900) mit Pfauen und Fasanen bespannt, die Sitzmöbel stammen aus der Erbauungszeit. Das Porträt zeigt Markgräfin Sophie Dorothea Marie von Brandenburg-Schwedt, eine Schwester Friedrichs. Der Raum hatte keine weitere Möblierung.

Die beiden Schlafzimmer (R 141 und 154) sind mit einem besonders reichen, gelben Atlas mit chinoisen Motiven bespannt (Holland, 1740–1768), die Vorhänge sind aus demselben Stoff. Es ist das einzige Ausstattungsgewebe des 18. Jahrhunderts im Neuen Palais, das nachweislich nicht in Berlin hergestellt wurde. Auffallend sind die in die Decke eingelassenen Spiegel und die versilberten Sitzmöbelgarnituren, die in beiden Räumen sehr ähnlich und auffallend motivreich geschnitzt sind.

Marmorsaal und Obere Galerie

Über das Obere Vestibül (R 254) gelangt der Besucher in den Marmorsaal (R 256). Im Vestibül, einem von Carl von Gontard konzipierten Raum, der in seiner architektonischen Konzeption dem Unteren Vestibül entspricht, stehen Säulenpaare mit Pilasterrücklagen und ionischen Kapitellen aus vergoldeter Bronze. Die Wände sind aus hellrotem, die Säulen von weißem Stuckmarmor, der Fußboden ist ein gewürfeltes Parkett. Das Deckengemälde von Johann Christian Frisch greift das Thema der Drei Grazien erneut auf und bildet somit den festlichen Auftakt in den Marmorsaal.

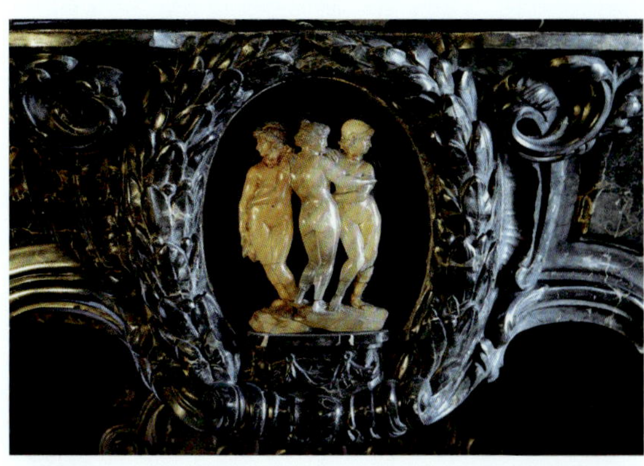

Oberes Konzertzimmer, R260, Kamin mit den drei Grazien in Steinschnitt

Auch dieser Saal geht auf die Ideen Carl von Gontards zurück, wobei die Zweigeschossigkeit hier den monumentalen Charakter des Neuen Palais zum Ausdruck bringt. Ähnlich dem Marmorsaal des Potsdamer Stadtschlosses sind die großen Wandflächen durch korinthische Pilaster gegliedert, die eine höhere Rangordnung ausdrücken als die ionischen im Vestibül. Die vergoldeten Lorbeergirlanden der Ostwand sind nur noch zum Teil erhalten. Der erst 1765 bis 1768 ausgestattete Saal war für die Präsentation von großformatigen Gemälden konzipiert, die der König bereits 1755 in Paris beauftragt hatte: Jean Restout (1692–1768) *Triumphzug des Bacchus und der Ariadne*, Jean-Baptiste Pierre (1714–1789) *Das Urteil des Paris*, Carle van Loo (1705–1765) *Die Opferung der Iphigenie* und *Der Raub der Helena* nach einem Entwurf des Hofmalers Antoine Pesne (1683–1757). Die in Paris entstandenen Gemälde wurden vor ihrer Auslieferung in öffentlichen Ausstellungen gezeigt und riefen große Aufmerksamkeit und rege Diskussionen hervor. Der Fußboden besteht aus einheimischem Marmor aus den reichen schlesischen Vorkommen, in Inkrustationstechnik verlegt von Melchior Kambly. Große Rocaillen verbinden die einzelnen geometrisch gemusterten Flächen, naturalistische Motive wie Blüten- und Blattformen sind nur sparsam in die Ornamentik eingebunden. Das Deckengemälde des Hofmalers Amédée van Loo (1719–1795) greift wieder ein mythologisches Thema auf: »Ganymed wird von Hebe an die Tafel der Götter im Olymp eingeführt«, wobei sich Ganymed mit König Friedrich in Verbindung bringen lässt.

Das Schlosstheater

Friedrich II. wendete viel Geld und Energie auf, um Opern aufführen zu können, die dem europäischen Standard entsprachen. Er brach mit der traditionellen Nutzung des Theaters für Feste und Bankette im Barockzeitalter und stellte das Bühnengeschehen in den Vordergrund. Johann Boumann und Johann Christian Hoppenhaupt erhielten 1765 den Auftrag, einen Theatersaal in der Form eines Amphitheaters, mit elliptisch ansteigenden Sitzreihen zu bauen, damit die Zuschauer die Stücke eindrücklicher erleben konnten. Außerdem verzichtete er auf eine Königsloge, da er am liebsten direkt vor dem Orchestergraben oder in einer der ersten Reihen saß. Die vorderen Reihen wurden 1865 unter Wilhelm I. entfernt und die Sitze mit rotem Samt bezogen. Am 18. Juli 1768 wurde das Palais mit dem Oratorium von Johann Adolf Hasse (1699–1783) eingeweiht. Im Gegensatz zu Friedrichs anderen Theatern wurde hier über die italienische *Opera buffa* und Ballette bis hin zu französischen Dramen verschiedenste Gattungen gespielt. Späte Höhepunkte bildeten die Gastspiele des Henri-Louis Le Kain (1728–1778). Im Jahr 1775 gastierte er als Ödipus, Mahomet und Orosmane im Schlosstheater und seine Darstellungen als Jason auf den beiden Gemälden Van Loos (R 170 und R 258) zeugen von seiner starken Bühnenpräsenz.

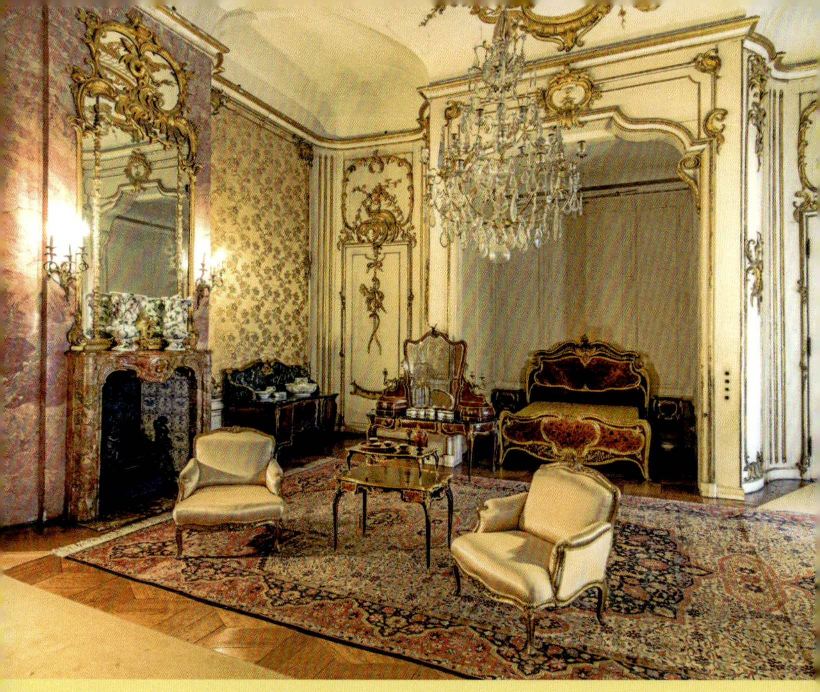

Oberes großes Schlafzimmer, R 272

Julius Zwiener – Eine Schlafzimmerausstattung für den Kaiser

Im Oberen großen Schlafzimmer (R 272) wird eine Schlafzimmerausstattung gezeigt, die Kaiser Wilhelm II. für das Berliner Schloss anfertigen ließ. Der in Paris ausgebildete Kunstschreiner Julius Zwiener (1867–1922) erhielt 1896 seinen größten Auftrag, nämlich die Möblierung der sogenannten Mecklenburgischen Wohnung im Berliner Schloss. Das Ensemble des Schlafzimmers besteht aus einem Bett, zwei Nachttischen, einer Waschkommode, einem Toilettetisch und einem Kleiderschrank, der zugleich Wandverkleidung ist. Die Möbel im Neorokokostil sind aus Palisander mit vergoldeten Bronzen hergestellt und zeigen deutlich die Nähe zum Jugendstil. Das Bett rief schon unter den Zeitgenossen großes Interesse hervor und kostete die hohe Summe von 13500 Mark (zum Vergleich: Toilettetisch und Waschtisch kosteten je 3500 Mark). Die fließenden Konturen, zarten Einlegearbeiten und die kleinen Köpfchen am Kopfteil sind zwar sehr französisch beeinflusst, doch ist das Gitterwerk am Fußteil des Bettes dem friderizianischen Gitterwerk, wie es im Neuen Palais vielfach vorkommt, angelehnt. Die hohe Wertigkeit, die der Kaiser Möbeln des Julius Zwiener als international konkurrenzfähige Kunstwerke zumaß, spiegelt sich in deren Beschickung auf die Weltausstellung nach Paris im Jahr 1900. Die Möbelgarnitur trug Zwiener eine Goldmedaille in der Klasse »Meubles à bon marché et meuble de luxe« ein. Das Ensemble konnte 1989 für die preußischen Schlösser zurückgekauft werden.

Erklärung

Im *Appartement simple* liegen alle Räume in einer Flucht hintereinander aufgereiht. Im *Appartement double* liegen zwei Enfiladen längs nebeneinander und mehrere Türen verbinden die Fluchten.

Zusatz

Johann Melchior Kambly (1718–1782) war um 1745 aus der Schweiz nach Potsdam gekommen und erhielt erste Aufträge im Ovalen Saal von Schloss Sanssouci für Bronzekapitelle und Stühle. 1752 konnte er mit Hilfe französischer Künstler eine Bronzemanufaktur gründen, die die nächsten Jahre viele Möbelbeschläge und Wandleuchter für die königlichen Schlösser liefern sollte. Für das Potsdamer Stadtschloss lieferte er 1756 die ersten mit Schildpatt furnierten Möbel (Schreibtisch und eintüriger Eckschrank), die bereits die charakteristischen feuervergoldeten Messingbeschläge mit figürlichen Motiven aufweisen. Im Neuen Palais sind bis auf ein Bücherregal alle Schildpattmöbel der Erstausstattung erhalten.

Kambly, Johann Melchior, Schreibtisch-Kommode (R 214)

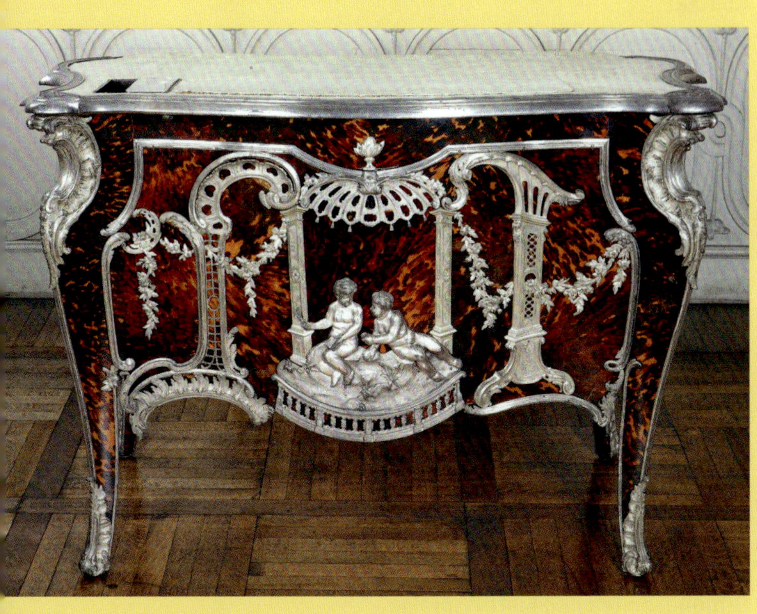

Neues Palais
Am Neuen Palais, 14469 Potsdam

Kontakt
Stiftung Preußische Schlösser und Gärten
Berlin-Brandenburg
Postanschrift: Postfach 601462, 14414 Potsdam

Informationen erhalten Sie im
Besucherzentrum am Neuen Palais
Am Neuen Palais 3, 14469 Potsdam
Tel.: +49 (0) 331.96 94-200
Fax: +49 (0) 331.96 94-107
E-Mail: info@spsg.de

Gruppenreservierungen
Über Gruppenpreise und Führungsangebote
informiert gern der Gruppenservice
Tel.: +49 (0) 331.96 94-222
E-Mail: gruppenservice@spsg.de

Öffnungszeiten und Eintrittspreise
Der Park Sanssouci ist täglich ab 6 Uhr morgens bis zum Einbruch der Dunkelheit geöffnet.

Verkehrsanbindung
Mit dem ÖPNV
von Berlin: mit dem Regionalexpress
bis »Park Sanssouci« oder
von Potsdam Hauptbahnhof: Bus 605, 606, 695
oder X5
bis Haltestelle »Neues Palais«
(bitte informieren Sie sich über die aktuellen
Fahrpläne und eventuelle Routenänderungen)

Mit dem Auto:
Folgen Sie der Verkehrsausschilderung in Potsdam. Kostenpflichtiger Parkplatz Neues Palais P3 in unmittelbarer Nähe zum Neuen Palais.

Mit dem Fahrrad
Fahrradstellplätze sind vorhanden.

Hinweise für Besucher mit Handicap
Das Neue Palais ist aufgrund der Sanierungsarbeiten für Rollstuhlfahrer derzeit leider nicht zugänglich.
Aus konservatorischen Gründen ist die Mitnahme von Kinderwagen in den Ausstellungsräumen leider nicht möglich.

Rollstuhlgerechtes WC im Besucherzentrum am Neuen Palais **WC**
Sonderführungen für blinde und sehbehinderte Besucher bieten die Möglichkeit, die Kunst- und Bauwerke zu »begreifen« und machen so die Welt des 18. und 19. Jahrhunderts erlebbar. Spezielle Programme auf Anfrage .

Parklandschaft Sanssouci
Schloss Sanssouci
Bildergalerie
Neue Kammern
Historische Mühle
Chinesisches Haus
Belvedere auf dem Klausberg
Schloss Charlottenhof
Römische Bäder
Orangerieschloss
Friedenskirche
Drachenhaus

Ruinenberg
Normannischer Turm

Gastronomie
Café Caroline im Besucherzentrum am Neuen Palais (Südtorgebäude)

Museumsshops
Die Museumsshops der preußischen Schlösser und Gärten laden ein, die Welt der preußischen Königinnen und Könige zu erkunden – und das Erlebnis mit nach Hause zu nehmen. Dabei wird der Einkauf auch zur Spende, denn die Museumsshop GmbH unterstützt mit ihren Einnahmen den Erwerb von Kunstwerken sowie Restaurierungsarbeiten in den Schlössern und Gärten der Stiftung.
Die Museumsshops finden Sie
in Potsdam: Schloss Sanssouci,
Schlossküche Sanssouci,
Besucherzentrum Neues Palais,
Schloss Cecilienhof
in Berlin: Schloss Charlottenburg
www.museumsshop-im-schloss.de

Tourist-Information
Tourist Information Am Alten Markt
Humboldtstraße 1-2
14467 Potsdam
Tel: +49 (0) 331.275 588 99
Fax: +49 (0) 331.275 58 58
E-Mail: info@potsdamtourismus.de
www.potsdamtourismus.de

Tourismus-Marketing Brandenburg GmbH (TMB)
Tel.: +49 (0) 331.200 47 47

E-Mail: service@reiseland-brandenburg.de
www.reiseland-brandenburg.de

Schutz der historischen Gartenkunstwerke
Seit 1990 steht die Potsdam-Berliner Kulturlandschaft auf der Liste der UNESCO-Welterbestätten. Um dieses Welterbe mit seinen einzigartigen künstlerischen Schöpfungen in einem empfindlichen Naturraum zu schützen und zu bewahren, benötigen wir Ihre Unterstützung!
Mit Ihrem rücksichtsvollen Verhalten tragen Sie dazu bei, dass Sie und alle anderen Besucher die historischen Gartenanlagen in ihrer ganzen Schönheit erleben können. Die Parkordnung der Stiftung Preußische Schlösser und Gärten Berlin-Brandenburg fasst die Regeln für einen angemessenen und schonenden Umgang mit dem kostbaren Welterbe zusammen. Wir danken Ihnen herzlich für die Beachtung dieser Regeln – und wünschen Ihnen viel Vergnügen beim Aufenthalt in den königlich-preußischen Gärten!

Literatur

Friederisiko, Friedrich der Große – Die Ausstellung (Publikation anlässlich der Ausstellung Friederisiko – Friedrich der Große, SPSG im Neuen Palais im Park Sanssouci, 28.4.2012–28.10.2012), München 2012

Friederisiko, Friedrich der Große – Die Essays (Publikation anlässlich der Ausstellung Friederisiko – Friedrich der Große, SPSG im Neuen Palais im Park Sanssouci, 28.4.2012–28.10.2012), München 2012

Evers, Susanne; Zitzmann, Christa; Kuschel, Nadja; Kreibich, Silke; Bartoll, Jens: Seiden in den preußischen Schlössern. Ausstattungstextilien und Posamente unter Friedrich II. (1740–1786), Bestandkatalog der Kunstsammlungen der Stiftung preußische Schlösser und Gärten Berlin Brandenburg, Berlin, 2014.

Meiner, Jörg: Berliner Belle Epoque. Der Ebenist Julius Zwiener und die Kunstmöbel für den Hof Kaiser Wilhelms II. (1888–1918), Petersberg 2014

Kirschstein, Jörg: Das Neue Palais in Potsdam. Familienidyll und kaiserlicher Glanz, Berlin-Brandenburg 2017.

Impressum

Herausgegeben von der Stiftung Preußische Schlösser und Gärten Berlin-Brandenburg
Text: Henriette Graf
Lektorat: David Fesser, Deutscher Kunstverlag
Gestaltung: M&S Hawemann
Satz: Hendrik Bäßler
Herstellung: David Fesser, Deutscher Kunstverlag
Koordination: Elvira Kühn
Fotos: Bildarchiv SPSG/Fotografen: Hans Bach, Henriette Graf, Daniel Lindner, Wolfgang Pfauder, Leo Seidel

Die Deutsche Nationalbibliothek verzeichnet diese Publikation in der Deutschen Nationalbibliografie; detaillierte bibliografische Daten sind im Internet über http://dnb.d-nb.de abrufbar.

ISBN 978-3-422-04026-7